즐길 것인가
준비할 것인가

즐길 것인가 준비할 것인가

초판 1쇄 인쇄 2025년 9월 15일
초판 1쇄 발행 2025년 9월 22일

지은이	백승호
펴낸이	이종두
펴낸곳	(주)새로운 제안
책임편집	엄진영, 문혜수
본문디자인	프롬디자인
표지디자인	프롬디자인
영업	문성빈, 김남권, 조용훈
경영지원	이정민, 김효선
주소	경기도 부천시 조마루로385번길 122 삼보테크노타워 2002호
홈페이지	www.jean.co.kr
쇼핑몰	www.baek2.kr(백두도서쇼핑몰)
SNS	인스타그램(@newjeanbook), 페이스북(@srwjean)
이메일	newjeanbook@naver.com
전화	032) 719-8041
팩스	032) 719-8042
등록	2005년 12월 22일 제386-3010000251002005000320호
ISBN	978-89-5533-670-2 (13320)

- 이 책은 저작권법에 따라 보호를 받는 저작물이므로 무단 전재 및 복제를 금하며, 이 책의 전부 또는 일부 내용을 이용하려면 반드시 저작권자와 ㈜새로운 제안의 동의를 받아야 합니다.
- 잘못 만들어진 책은 구입하신 서점에서 바꾸어드립니다.
- 책값은 뒤표지에 있습니다.

돈 걱정없는
노후를 위한 7단계 준비

즐길 것인가
준비할 것인가

백승호 지음

새로운 제안

서문

지금의 행복, 노후에도 계속될 수 있을까?

노후에 가난하고 싶은 사람은 없다.
불행한 노후를 꿈꾸는 사람도 없다.
누구나 행복한 노후를 꿈꾼다. 지금처럼 소소한 외식도 즐기고, 1년에 한번쯤은 가족 여행도 떠나고, 하고 싶은 일을 하며 살아가는 삶이 노후에도 지속되기를 원할 것이다. 그런데 많은 사람들이 간과하는 것이 있다. 지금의 행복한 삶이 노후에도 지속되길 바란다면 반드시 '준비'가 필요하다는 사실 말이다.

여러분이 살아있는 한 노후를 맞이할 확률은 99%도 아니고 100%이다. 그 누구도 예외는 없다. 하지만 안타깝게도 많은 사람들이 '노후는 먼 미래의 일'이라고 생각할 뿐, 준비를 하지는 않는다.

핑계는 많다. 아직 시간이 많이 남았다, 결혼자금을 마련한 뒤에, 내 집 마련하느라 빌린 돈을 갚고, 자녀들 대학 보내고 나면… 이처럼 노후준비는 늘 다음 순위로 밀려나기 쉽다. 그렇게 정신 없이 열심히 살다 보면 노후는 '미래'가 아니라, 어느덧 눈앞의 '현실'이 되어버린다. 그리고 불행히도 그 현실은 여러분이 꿈꾸던 모습과는 거리가 멀 것이다.

그런데 막상 노후준비를 시작하려고 하니 무엇부터 어떻게 시작해야 할지 감조차 오지 않는다. 그렇게 또 시간을 하염없이 흘려버리곤 한다.

노후준비, 어렵지 않다.
우리가 노후준비를 시작하기 어렵다고 느끼는 이유는 현재의 삶을 조금 내려놓고 미래를 위한 작은 희생을 해야 하기 때문이다. 즉 마음이 없을 뿐이지 방법을 몰라서 준비를 못하는 것이 아니다. 물론 마음의 준비가 되어도 수많은 연금의 종류, 복잡하고 어려워 보이는 자산운용 방법에서 다시 한번 막막함을 느낀다.
이 책은 바로 그 막막함을 없애기 위한 노후준비 매뉴얼을 제시하려고 한다.

　행복한 노후를 맞이하기 위한 마인드셋, 개인연금의 선택과 활용 방법, 효과적인 자산운용 방법, 절세 계좌(IRP, ISA 등)의 활용, ETF 등을 활용한 실전 투자전략까지 복잡하고 어렵게 느껴지는 내용을 쉽고, 명확하게 풀어 누구나 지금 바로 노후준비를 '시작'할 수 있도록 돕는 것이 이 책의 가장 큰 목표이다.

　소득이 많지 않아도, 자산이 많지 않아도 괜찮다.
　지금부터 조금씩, 꾸준히 준비한다면 누구나 '돈 걱정 없는 노후'를 맞이할 수 있다.

　이 책이 여러분의 인생 후반전을 든든하게 설계하는 첫 번째 길잡이가 되어주기를 진심으로 바래본다.

저자 백승호

차례

서문   004

1부 | 노후준비, 지금 당장 생각을 바꿔라

01 최고의 노후는 '은퇴하지 않는 삶'이다   014
  1 겨우 월급 200만 원? 노후엔 '로또' 같은 돈이다   016
  2 가장 나쁜 은퇴 목표, 마흔에 파이어족 되기   019
  3 은퇴, 5년만 미루면 3억 원이 생긴다   024
  4 은퇴는 끝이 아니라 새로운 시작이다   027

02 가난한 노후는 우연이 아니다 030
  1 돈이 없어서가 아니다, 준비할 '마음'이 없을 뿐 031
  2 어떻게든 되겠지? 어떻게든 가난해진다! 035
  3 여러분의 월급은 반드시 멈춘다 038

03 소소한 행복이 모여 만든 가난한 미래 042
  1 소비하면 행복해진다. 소비가 모여도 행복해질까? 043
  2 '좋은 경험이었으니까 괜찮아'라는 착각 047
  3 이 소비, 내가 한 걸까? 남이 시킨 걸까? 049
  4 잘하고 싶은 거야? 자랑하고 싶은 거야? 054
  5 똑똑한 소비는 '행복한 노후'를 만든다 057

04 두 가지 생각만 바꾸면 행복한 노후가 기다린다 060
  1 자녀를 위한 투자가 자녀를 가난하게 만든다 061
  2 아파트 한 채에 인생을 몰빵해도 될까? 068

1부를 마치고
마인드와 습관 없이 재테크는 허상이다 072

2부 | 노후준비, 연금 많이 받는 기술의 정석

돈 걱정없는 노후 STEP ①

05 노후라는 현실과 마주하기_금전적 경각심 — 076
1. 노후에 200만 원으로 살 수 있을까? 지금 계산해보자 — 077
2. 지금까지의 노후자금 계산은 전부 틀렸다 — 080
3. 국민연금, 진짜 믿어도 될까? — 087
4. 작동하지 않는 노후장치, 퇴직연금의 이해 — 090
5. 3층 연금 구조, 이미 무너지고 있다 — 095

돈 걱정없는 노후 STEP ②

06 이미 갖고 있는 연금부터 잘 키우자_연금 보수공사 — 098
1. 전업주부에게 국민연금·개인연금 중 유리한 선택은? — 099
2. 잠들어 있는 퇴직연금을 깨우는 방법(실물이전, 디폴트 옵션) — 106
3. 집으로 연금을 받는 마지막 카드, 주택연금의 이해와 활용 — 112

돈 걱정없는 노후 STEP ③

07 모르면 손해보는 개인연금을 알아보자 — 119
1. 개인연금, 절세혜택과 운용방식의 차이 — 120
2. 연금저축 vs IRP, 순서만 바꿔도 노후자금이 커진다 — 131
3. 세액공제의 함정 : 연금으로 세금폭탄 맞는 이유 — 135
4. 잠자는 개인연금 깨우는 방법, 연금이전제도 — 141
5. 연금저축계좌, 왜 2개를 만들까? — 147

돈 걱정없는 노후 STEP ④

08 요즘은 ETF로 노후준비한다   152
    1 21세기 가장 혁신적인 금융 발명품, ETF   153
    2 펀드 대신 ETF를 선택해야 하는 6가지 이유   165
    3 알아야 아낀다. ETF 세금의 이해와 절세전략   170
    4 투자에 자신 없다면, TDF로 '자율주행 투자'   177
    5 ETF 투자 전 꼭 알아야 할 5가지   183

돈 걱정없는 노후 STEP ⑤

09 나도 건물주처럼 될 수 있다. 배당으로 만드는 연금소득   189
    1 주식에서 월급처럼 돈을 준다고?   190
    2 배당주 고르기가 어렵다면 '월배당 ETF'   199
    3 1억 원 넣으면 매달 100만 원? 커버드콜 ETF의 매력과 함정   202
    4 나는 5,000원으로 빌딩에 투자하고 월세를 받는다   210

돈 걱정없는 노후 STEP ⑥

10 노후자금 재테크 성공방정식   216
    1 노후 재테크 성공법칙 : 더 많이, 더 빨리, 더 높이   217
    2 소득의 10%로 완성하는 노후 재테크   222
    3 투자가 두렵다면 '적립식 투자'부터 시작하라   225
    4 욕심과 공포에 흔들리지 않는 리밸런싱 전략   230
    5 미국주식으로 실패 없이 노후자금 모으는 전략   238
    6 배당이냐, 성장이냐? 여러분에게 필요한 투자 스타일은?   241

돈 걱정없는 노후 STEP ⑦

11 노후를 가난하게 만드는 2가지 복병   245

    1 의료비에 무너지는 노후, 효과적인 대비방법   247

    2 창업과 고수익의 유혹, 노후를 무너뜨린다   252

2부를 마치고

이제는 '생각'을 넘어서 '실천'할 차례   256

1부

노후준비, 지금 당장 생각을 바꿔라

다이어트는 방법을 몰라서 실패하는 것이 아니다. 노후준비도 마찬가지다. 무엇을 어떻게 해야 할지 몰라서가 아니라, 단지 의지가 부족하고 생각을 바꾸지 못했기 때문이다. 변화는 거창한 목표에서 시작되지 않는다. 지금 바꿀 수 있는 것부터 바꾸는 것, 그게 시작이다. 노후에 대한 생각을 바꾸면 행동이 바뀌고, 행동을 바꾸면 결국 미래가 달라진다.

최고의 노후는
'은퇴하지 않는 삶'이다
01

빠른 은퇴를 꿈꾸는 이유는 결국 지금 하는 일이 즐겁지 않기 때문이다. 즐겁지 않으니 하루라도 빨리 그 일을 끝내고 싶고, 지금의 삶에서 벗어나고 싶은 것이다. 하지만 만약 내가 하는 일이 즐겁고, 거기에 돈까지 벌 수 있다면 어떨까? 그 누가 은퇴하고 싶을까?

예를 들어보자. 캠핑을 좋아하는 사람이 캠핑을 다니면서 매달 500만 원의 수입을 올릴 수 있다면, 그는 '언제 그만둘까?'보다는 '다음엔 어디서 캠핑을 할까?'를 고민하게 될 것이다. 아마 국내를 넘어 해외에서의 캠핑도 계획하게 될 것이다.

그래서 나는 이렇게 말한다. **노후준비의 첫걸음은 돈을 준비하**

는 것이 아니라, 나의 '일'에 대한 관점을 바꾸는 것이다. 지금 하는 일이 즐겁다면, 그 일을 더 오래 지속할 수 있도록 자기계발을 하는 것이 바로 노후준비다. 반대로 지금의 일이 즐겁지 않다면, 은퇴 후에 하고 싶은 일을 위해 지금부터 준비하는 것도 노후준비다.

"은퇴하지 않는 삶은 불행한 삶 아닌가요?"
사람들은 종종 이렇게 묻는다. 은퇴하지 않은 삶이 단순히 노동의 연장을 의미하는 것은 아니다. 불행한 삶을 의미하는 것도 아니다. 좋아하는 일을 하면서 돈도 벌 수 있는 삶이니 어쩌면 가장 행복한 삶의 모습이라고 할 수 있다.

그냥 취미활동만 하면서 노후를 즐기는 삶이 더 행복한 삶이 아니냐고? 월급을 받는다는 것, 돈을 번다는 것은 단순히 노동의 대가 혹은 결과만의 의미를 가지고 있는 것이 아니다. '돈'은 인간에게 아주 강력한 동기부여이자 성취의 기쁨이며, 존재감의 확인이다. 나의 행동으로 인해 누군가 박수를 쳐준다는 것, 많은 조회수를 기록하는 것, 돈을 번다는 것은 사실 아주 큰 즐거움이다. 노후에 이런 즐거움을 포기한다면 얼마나 지루한 삶이겠는가? 그래서 필자는 은퇴하지 않는 것이 필자의 은퇴 목표이다. 지금 하는 일을 죽을 때까지 하고 싶다.

겨우 월급 200만 원?
노후엔 '로또' 같은 돈이다
|1|

노후에 200만 원은 생존이 아니라, 여유를 만드는 돈이다

지금 이 글을 읽고 있는 여러분에게 월 200만 원은 어떤 의미인가? 한창 일할 시기의 200만 원은 그다지 특별하지 않은 금액일지 모른다. 알바만 해도 그 정도는 벌 수 있고, 월급이라 부르기도 민망한 수준의 작은 돈이라고 느껴질 수도 있다. 하지만 그 200만 원이 노후의 삶에서는 '판을 바꾸는 돈'이라고 할 정도로 강력한 힘이 있다고 하면 믿겨지는가?

노후에 월급 200만 원의 의미는 단순한 소득 그 이상이다. 선택권이 없던 삶에 선택권을 주며, 동시에 품위와 행복을 선물해준다. 왜냐하면 노후의 월급은 생계를 유지하는 **기본 소득이 아니라, 보너스 소득이기 때문이다.**

연금만으로는 여의치 않은 노후의 삶

한 사람을 예로 들어보자. 30년간 평균 월소득 300만 원을 벌어온 A는 은퇴 후 국민연금으로 매달 약 91만 원을 받는다. 또, 40대부터 매월 30만 원씩 성실하게 불입한 개인연금에서 월 60만 원을 수령하고 있다. 여기에 시가 3억 원 수준의 아파트를 한 채 보유하고 있으며, 연금소득이 부족해서 주택연금에 가입하여 매달 72만 원을 추가로 받는다.

그렇게 해서 A의 총소득은 223만 원. '최소한의 생활'을 이어가기에 가능할지 몰라도, 꿈꾸던 노후를 누리기엔 턱없이 부족한 금액이다. 주말 외식 한번도 고민에 고민을 해야하고, 남들 다 가는 해외여행이며 골프 등의 여가는 꿈도 꾸지 못한다.

그러나, 단 200만 원의 월급이 노후를 바꾼다

만약 A가 택시 운전이나 파트타임 형태의 노동으로 매달 200만 원의 수입을 추가로 벌 수 있다면? 총 월소득은 423만 원으로 껑충 뛴다. 현역 시절 평균 소득보다도 더 많은 돈을 손에 쥐게 되는 것이다. 그 200만 원 덕분에 A는 친구들과 골프도 치고, 1년에 한번 해외여행도 다니고 다양한 문화생활과 취미생활을 즐길 수 있게 된다.

더 이상 '어떻게 아껴야 하지?'가 아니라, '어디에 쓸까?'를 고민하는 삶으로 전환된 것이다. 그렇다면 200만 원이라는 돈을 '일하지 않고' 자본으로 만들어 내려면 얼마나 많은 돈이 필요할까?

○ **노동소득과 금융소득 비교**

방식	준비자산	필요조건
노동소득	-	일할 수 있는 신체와 기술
예금소득(3%)	약 9.5억 원	금리 유지, 목돈 필요
연금수령	약 5억 원	장기 불입, 복리 수익률
배당/임대 수익	약 6~8억 원	운용능력 + 리스크 관리

노동소득을 만들기 위해 필요한 준비자산은 없으며, 경험, 기술 그리고 건강한 신체만 보유하면 언제든지 200만 원 정도의 소득을 만들어낼 수 있다. 같은 돈을 예금으로 만들기 위해서는 이자가 3%일 때 약 9.5억 원이라는 어마어마한 돈이 필요하다. 이때 금리의 변동까지 고려한다면 필요자금은 더 커질 수도 있고, 더 작아질 수도 있다. 일단 세금은 고려하지 않았다.

원금을 조금씩 꺼내 쓰는 방식의 개인연금으로 준비한다고 해도 약 5억 원 수준의 자산이 필요하며, 배당 및 임대수익으로 200만 원을 확보하기 위해서도 약 6~8억 원이라는 종잣돈이 필요하다. 이때 자산가격의 변동위험과 운용수익률의 변동 역시 고려하지 않았다.

어쩌면 '한 달에 겨우 200만 원?'이라는 생각을 할 수 있는 돈, 하지만 이 돈을 자본으로 만들어 내기 위해서는 지금까지 여러분이 한 번도 모아보지 못한 그 돈을 모아야 한다. 대한민국 직장인의 평균소득을 고려했을 때 수십 년이 지나도 겨우 모을까 말까 할 정도의 큰돈이다. 심지어 그렇게 어렵게 모은 돈을 원금손실의 각오 없이 안전하게 지키면서 원하는 소득을 만드는 것도 쉽지 않다.

그래서 생각의 전환이 필요하다. 돈을 모으기 전에 지금의 건강한 몸과 일할 수 있는 능력을 오랜 시간 유지하는 것이 노후준비를 위해 우선적으로 준비해야 할 일이라는 것을 말이다.

가장 나쁜 은퇴 목표, 마흔에 파이어족 되기 |2|

콘텐츠 속 '자칭 파이어족'은 정말일까?

요즘 파이어족FIRE족 : Financial Independence, Retier Early을 꿈꾸는 30~40대 직장인이 많다. 유튜브, 인스타그램 등 SNS에는 조기 은퇴를 이룬 파이어족 본인들의 노하우를 공유하는 콘텐츠도 넘쳐난다.

왜 이토록 많은 이들이 하루라도 빠른 은퇴를 꿈꾸면서 살아가는 것일까? 그것은 아마도 지금을 살아가는 현실에 대한 만족도가 높지 않아서일지도 모르겠다. 경쟁이 치열한 세상 속에서 반복되는 야근, 그럼에도 나아지지 않는 팍팍한 주머니 사정, 지금보다 더 나아진 모습이 상상되지 않는 미래, 내가 살아가고 있는 지금은 그저 하루라도 빨리 탈출하고 싶은 곳일 뿐이다. 그러니 방법만 안다면, 그 방법이 가능성이 있다면 나도 파이어족이 되어 행복하게 살고 싶은 욕구가 트렌드가 된 것이다.

그런데 SNS 속 파이어족들의 행복한 모습, 진짜 행복한 이유가 이른 은퇴를 했기 때문일까?

요즘 SNS에는 파이어족의 성공 사례가 넘쳐난다. 30대 후반에 은퇴한 사람, 40대 초반에 월세 소득만으로 경제적 자유를 찾았다는 사람… 그들을 보면서 '나도 할 수 있어'라는 희망을 품게 된다. 하지만 이들이 정말 워크 프리Work Free 파이어족을 달성한 게 맞을까? 정말 일을 하지 않아도 될 정도로 경제적 준비가 완성이 되었다면 어째서 유튜브를 제작하고, 책을 쓰고, 블로그를 하는 것일까? 뭐하러 그들만의 노하우를 남들에게 공유하지 못해 안달일까?

심심해서? 그러한 일이 취미 수준으로 쉽고 즐거워서? 유튜브 콘텐츠 제작 경험이 있는 사람이라면 콘텐츠 기획, 대본 작성, 영상 촬영 및 편집 과정이 상당한 노동 강도를 요구한다는 사실을 인지하고 있을 것이다. 인스타그램에 30초 분량의 릴스를 업로드하기 위해 30초의 시간만 소요되는 것은 아니다. 여행 유튜버를 보면 즐거운 여행을 다니면서 쉽게 돈을 번다고 생각하겠지만 사실 그 어떠한 노동보다도 노동강도가 심하면 심했지 덜하지는 않다.

의심하라! 그들이 진짜 조기 은퇴에 성공한 사람인지, 아니면 '은퇴한 삶'이라는 콘텐츠를 파는 사람'인지를 말이다. 실제로 많은 '자칭 파이어족'들은 FIRE의 삶을 콘텐츠로 팔고, 그것으로 수익을 올리는 구조를 갖고 있다. 그들의 이른 은퇴는, 아니 Job Change는 재테크의 성공 덕분이 아니라 은퇴 이야기 덕분에 이루어진 것일지도 모른다. 여러분이 상상하는 워크 프리 파이어족과는 거리가 먼 삶이라는 뜻이다.

빠른 은퇴 목표는 가난을 앞당기기도 한다

현실 불가능한 파이어족을 목표로 삼는 것은 심각한 경제적 위기를 초래할 수 있다. 목표 은퇴 시기가 빠를수록 필요한 은퇴자금의 규모가 기하급수적으로 증가하기 때문이다.

예를 들어보자. 40세에 은퇴를 목표로 하는 30세 부부가 한 달 생계비로 350만 원이 필요하다고 가정했을 때 100세까지 60년을 살아야하니, 단순 계산만으로도 약 10억 원 이상의 돈이 필요하다. 하지만 이 계산은 전혀 현실성이 없다. 40세 전에 내 집 마련이 완성되어야 하고 부채는 없어야 한다. 자녀 부양 및 교육비 지출이 어려운 소득규모라서 자녀도 없어야 한다. 물가 상승에 따른 필요경비 상승분은 계산값에 반영하지도 않았다. 평생 아프지 않아서 의료비가 지출되지 않는다는 말도 안되는 가정도 포함되어 있다. 그럼에도 불구하고 필요한 돈은 무려 10억 원 이상이다.

1년에 1억 원씩 모아야 겨우 달성 가능한 목표자금 10억 원, 설령 이 돈을 모았다고 해도 꿈꾸는 워크 프리 파이어족으로 살아갈 수는 없다. 그런데 1년에 1억 원씩 모을 수 있는 경제적 능력을 갖춘 사람이 과연 40세부터 350만 원으로 만족스러운 생활을 할 수 있기는 할까?

이렇게 현실적이지 못한 목표설정은 결국 수단의 변경을 야기한다. 'High Risk, High Return'으로 눈을 돌릴 수밖에 없게 만든다. 가상화폐, 주식투자, 레버리지를 극대화한 부동산 투자 등 극단적으로 수익률을 높일 수 있는 재테크 방법으로 파이어족을 꿈꾼다. 그리고 그것이 가능하다는 착각에 빠진다. 결국 도박과 같은 투기로 목표를 향해 달려간다. 하지만 안타깝게도 대부분의 경우 그 끝에는 실패만이 기다리고 있을 뿐이다. 하루라도 빨리 은퇴하려다가 하루라도 더 일을 하지 않으면 안되는 은퇴 후의 삶을 맞이하게 되는 것이다.

파이어족의 본질을 다시 생각하자

강남의 아파트가 좋다는 것은 누구나 다 안다. 하지만 누구나 강남 아파트를 구매할 수 있는 것은 아니다. 하루라도 빨리 은퇴하고 돈 걱정 없이 남은 여생을 즐길 수 있다는 것이 좋다는 것은 누구나 다 안다. 하지만 누구나 40대에 은퇴할 수 있는 것은 아니다.

우리가 살고 있는 현재는 현실이다. 현실에 맞는 목표를 세우고 달성 방법을 고민해야 한다. 현실과 동떨어진 꿈을 쫓는 삶은 현재를 불행하게 만들 뿐만 아니라 미래도 불행하게 만들 뿐이다.

파이어족에 대해서 이성적으로 생각해보자. 필자가 생각하는 파이어족의 진정한 의미는 이렇다.

파이어족은 노동에서 완전히 해방된 삶이 아니다. 남은 삶을 평생 놀고먹으며 살아가는 사람들을 의미하지 않는다. 파이어족은 내가 하고 싶을 일을 하며 살아도, 경제적으로 불안하지 않은 사람들이다. 진정한 의미로 자유의 성취를 이룬 삶을 살아가는 사람들이다. 주변에 수많은 성공한 사람들의 모습을 보라. 재벌 총수, 성공한 연예인… 아무리 돈이 많아도 남은 인생을 평생 놀고먹는 사람은 없다. 오히려 그 누구보다 치열하게 하루를 살아간다.

경제적으로 자유를 얻어도 놀지 않는 이유는 아무리 돈이 많아도 돈과 비례해서 채워지지 않는 욕구가 있기 때문이다. 바로 '**인정**

욕구와 성취욕구'이다. 이 두 가지 욕구가 채워지지 않으면 사람은 행복하게 살 수가 없다. 그런데 이 두 가지 욕구를 채우기 위해서는 아이러니하게도 '노동'이라는 Input과 '돈'이라는 Output이 필요하다. 진정한 의미의 파이어족이 되기 위해서 해야 할 행동계획을 다시 수립해보자.

내가 하고 싶은 일은 무엇인가?

지금 하고 있는 일이 오로지 돈을 벌기 위해 억지로 하고 있는 것이라면, 그 업무로부터 이른 은퇴를 달성한 후 진정으로 내가 하고 싶은 일은 무엇인지 생각해보자. 그것은 단순히 업무의 변화일 수 있고, 직업의 변경일 수 있고 혹은 봉사의 삶일 수 있다.

하고 싶은 일을 위해 지금부터 무엇을 준비해야 하나?

하고 싶은 일이 생각만 한다고 할 수 있는 것은 아닐 것이다. 자격증을 취득해야 할 수 있고, 해당 분야에서 경험을 쌓아야 할 수 있고, 학업의 연장이 필요한 경우도 있을 것이다. 그리고 종잣돈이 필요한 경우도 있다. 미래에는 하고 싶은 일을 하고 싶다면 오늘은 하기 싫은 행동을 해야만 한다.

경제적 변화에 대처할 수 있는가?

여러분이 하고 싶은 일을 했을 때 처음부터 충분한 경제적 보상이 이루어진다는 보장은 없다. 그러므로 예상되는 경제적 변화에 대처가 가능하도록 재정적 준비를 미리 해 놓아야 할 것이다. 아무리 좋아하는 일을 하더라도 경제적으로 버틸 수 없는 삶이 지속되면, 그토록 좋아하던 일이 더 이상 좋지만은 않을 것이다.

현실에서 도망가기 위해 파이어족을 꿈꾸는가? 꿈에서 깨어나자

파이어족을 위해 치열하게 절약하고 재테크에 올인하는 삶에서 여러분이 놓치고 있는 것이 있다. 바로 '지금의 내가' 발전하지도, 행복하지도 않는다는 것이다. 오로지 경제적 자유를 위해 지출관리와 재테크에 모든 에너지와 시간을 사용하는 여러분은 정작 '지금의 나'를 발전시키지 못한 삶을 살고 있는 것이다.

직장에서의 커리어도 사업장의 발전도 없다. 뭔가 순서와 방법이 잘못되었다고 생각되지 않는가? 파이어족을 목표로 살아간다면 현실에 충실한 삶을 살자. 충실한 현재가 모여 행복한 미래가 될 것이다.

은퇴, 5년만 미루면 3억 원이 생긴다 | 3 |

아마도 여러분은 지긋지긋한 직장생활에서 하루라도 빨리 탈출하기를 바랄지 모르겠다. 하지만 다시 한번 현실을 돌아보자. 일을 그만둔다고 해서 생활비가 멈추는 것도 아니고, 시간이 멈춰주는 것도 아니다. 결국 다니기 싫은 직장을 그만두어도 어차피 여러분은 일을 해야한다.

그렇다면 생각을 바꾸어보면 어떨까? 지금 하는 일을 억지로 참는 대신, 조금 더 의미를 찾고 즐기는 방식으로 은퇴시기를 최대한 늦추어보는 것이다. 좋아하는 다른 일을 찾아 준비하고 도전하는 것도 필요하지만 현실적으로 마주해야 하는 리스크를 감안하면 사실 지금 하는 일을 최대한 오랜 시간 하는 것이 전략적인 노후준비 방법이기도 하다.

5년 늦게 시작하는 것보다, 5년 미루는 것이 더 강력하다

5년 빨리 사회에 진입하는 것보다, 5년 더 늦게 은퇴하는 것이 경제적으로 엄청난 이득을 얻을 수 있다. 일단 급여수준이 다르다. 사회생활 초기에 5년간 벌어들이는 소득보다 은퇴 직전 5년간 벌어들이는 소득이 훨씬 크다. 단순히 물가상승률과 임금상승률만 감안해도 3~4배 이상 벌어지게 되며 능력에 따른 연봉차이까지 감안하면 그 차이는 굉장하다.

은퇴를 5년 미루면 '3억 원'을 번 셈이다?

연소득 6,000만 원, 월급 500만 원인 사람이 은퇴를 5년 미루면? 단순히 곱하면 3억 원의 추가 소득을 확보할 수 있다. 그런데 이 3억 원을 모으는 방법을 바꿔 생각해보자. 매달 200만 원씩 10년 동안, 연 5% 수익률로 투자해야 비로소 3억을 만들 수 있다. 즉, 지금 다니는 직장을 5년 더 다니는 것만으로도, 누군가가 10년 동안 절약과 투자를 병행해야 겨우 모을 수 있는 돈을 얻은 것과 같다.

은퇴 연장이 내맘대로 되는 것은 아니다

원래 쉬운 일은 없다. 그렇다고 기준금리 2.5% 시대에서 10년간 5% 이상의 성과를 확보하고 매달 200만 원씩 투자를 지속할 수 있는 것도 쉬운 일은 아니다. 안될 것 같다는 부정적인 생각을 하는 그 시간에 차라리 노력을 하자. 노력을 하다보면 단 1년이라도 노동 소득을 연장할 수 있을 테고 그것만으로도 충분한 의미가 있다.

지금 하는 일이 좋지 않아도, 좋아해 보려는 노력이라도 하자

잘 생각해보자. 좋아하는 '일'은 찾기 어렵다. 원래 너무나 어려운 일이다. 좋아하는 '취미'가 일이 되면 그 취미가 싫어지는 게 현실이다. 그런데 '좋아하는 일'을 찾을 수 있다고 생각하는가? 막연하게 해보고 싶은 일을 하면 좋을 것 같다는 환상이 오히려 지금 하는 일을 더 지겹고 싫어지게 만드는 생각일 수 있다.

지금 하는 일을 좋아하는 일로 만들기 위한 노력을 하자. 그러기 위해서는 남들과는 다른 노력이 필요하다. 그럼 좋은 결과를 얻을 테고, 주변으로부터 인정도 받을 것이다. 결국 지금 하는 일이 좋아질 것이다.

노후준비는 빨리 시작할수록 유리하지만, 무엇보다도 지속 가능한 수입을 최대한 오래 유지하는 것이야말로 가장 확실한 전략이다. 은퇴를 5년 늦추는 것, 그것은 단순한 '고생의 연장'이 아니라,

지금의 내가 미래의 나에게 건네는 3억 원짜리 선물일지도 모른다.

은퇴는 끝이 아니라 새로운 시작이다 |4|

'은퇴'의 의미

'Retire'. 우리는 이 단어를 '은퇴'라고 해석한다. 그런데 가만히 들여다보면 이 단어는 **'Re + Tire', 다시 타이어를 바꾼다는 의미**를 가진다. 타이어를 바꾸는 이유는 뭘까? 다시 길을 가기 위해서다. 다시 일어나, 다시 굴러가기 위해서다. 즉, 은퇴란 '멈춤'이 아니라 '전환'이다. 끝이 아니라 새 출발이다.

우리는 은퇴를 삶의 마지막 구간이라 생각한다. 모든 것을 내려놓고, 쉬어야 할 시기라고 여긴다. 하지만 과거의 이야기일 뿐 지금의 세상에 어울리는 생각은 아니다. 평균수명이 85세를 넘어섰고, 100세 인생이 흔한 시대다. 60세에 퇴직하더라도 남은 인생이 30~40년이다. **은퇴는 끝이 아니라, 인생의 전반전을 마치고 후반전을 준비하는 시점**이다. 이제는 멈추는 것이 아니라 '다시 움직이기 위한 정비'가 필요한 시기다.

최고의 노후는, 사실 은퇴하지 않는 것

우리가 은퇴 후에 가장 두려워하는 것은 무엇일까? 바로 경제적 불안정이다. 매달 입금되던 월급이 끊기고, 쓰기만 해야 하는 지출이 늘어난다. 연금으로는 생활비가 턱없이 부족하고, 의료비와 주거비, 여가비까지 생각하면 미래는 불안 그 자체다.

하지만 일하는 노후는 다르다. 수입이 있다는 것만으로도 삶의 여유는 생긴다. 게다가 일은 단지 돈만 벌기 위한 수단이 아니다. **일은 자존감이다. 일은 소속감이다. 일은 삶의 리듬이고 에너지다.**
이런 관점에서 보면, 최고의 노후는 단순히 '돈이 있는 상태'가 아니라 '하고 싶은 일을 계속하는 상태'일지도 모른다. 결코 일을 그만두지 못하고 지속하는 노후가 불행한 노후의 모습이 아니다.
그렇다면 질문을 바꿔보자.

"은퇴 후에도 내가 하고 싶은 일이 있는가?", "나는 어떤 일을 하며 노후를 보내고 싶은가?"

이 질문에 대답할 수 있어야 진짜 노후준비를 한 것이다. 자산을 쌓는 것도 중요하지만, 일할 수 있는 역량을 쌓는 것이 더 중요하다. 지금부터 할 수 있는 준비는 다음과 같다.

| 비재무적 노후준비 3가지 |
- 건강관리 : 일하고 싶어도 몸이 따라주지 않으면 소용이 없다. 체력과 건강은 최고의 경쟁력이다.
- 전문성 : 경험을 기반으로 한 나만의 노하우는 평생 자산이 된다.

- 네트워크 : 함께 일할 수 있는 사람, 나를 필요로 하는 사람들과 연결은 지속적인 기회로 이어진다.

여러분이 원하는 노후는 어떤 모습인가?

많은 사람들이 '빨리 은퇴해서 쉬고 싶다'고 말한다. 하지만 실제로 은퇴하고 나면 쉬는 것에 금세 지치고 불안해진다. 삶의 중심이 사라지고, 사회와의 연결이 끊기기 때문이다. 반면 어떤 사람들은 작은 일이라도 하면서 하루를 바쁘게 보낸다. 그리고 말한다.

"지금이 인생에서 가장 자유롭고 즐겁다."

우리는 후자의 삶을 상상해야 한다. 아무것도 하지 않기 위해 은퇴하는 것이 아니라, **내가 진짜 하고 싶은 일을 하기 위해 은퇴하는 것.**

"은퇴는 인생의 마침표가 아니다. 다시 한번 삶의 페달을 밟기 위해, 더 단단한 타이어를 끼우는 정비소일 뿐이다."

가난한 노후는
우연이 아니다
02 ──────────────────

지금 여러분의 모습은 우연히 만들어진 결과가 아니다. 과거의 여러분이 수없이 많은 갈림길에서 선택한 방향의 총합이다. 지금의 삶이 만족스럽다면, 여러분은 분명 스스로에게 좋은 선택을 해온 사람일 것이다. 하지만 지금의 삶에 만족하지 못한다면 과거에 좋지 않은 선택을 했기 때문일 것이다.

그렇다면 20~30년 뒤 여러분이 마주하게 될 노후의 모습은 어떠할까?

앞으로 여러분이 선택하고 결정한 것들이 모여서 여러분의 노후의 삶을 만들 것이다. 그 모습은 꿈꾸던 노후의 모습일 수도 있고,

혹은 지금 상상해도 끔찍한 노후의 삶을 현실로 마주하게 될 수도 있다. 아직은 기회가 있다. 앞으로는 나쁜 선택이 아니라 좋은 선택만 하면서 미래를 준비하면 여러분이 꿈꾸던 노후의 삶을 살 수 있을 것이다.

돈이 없어서가 아니다, 준비할 '마음'이 없을 뿐 |1|

노후를 준비하지 못하는 사람들이 가장 많이 하는 말은 '노후준비를 할 여력이 없다는 것'이다.

돈이 없다는 것이다. 하지만 정말 그럴까?

우리는 주기적으로 스마트폰을 바꾸고, 차를 바꾸고, 해외여행도 매년 다닌다. 광고가 보기 싫어서 유튜브 구독료를 내기 시작했더니 넷플릭스, 디즈니 등의 OTT 구독에 매달 들어가는 비용만 수만 원이고, 배달료 아끼겠다고 배달의 민족과 쿠팡에도 매달 성실하게 돈을 납부한다. 이것뿐일까? 자녀의 미래를 위해서라며 교육비 수십만 원의 지출은 망설이지 않는다. 정작 본인의 미래는 준비하지 않으면서 말이다.

이렇게 다양한 이유와 지출로 노후준비는 '나중에 여유 생기면'이라며 미룬다. 스스로는 부득이한 선택이라며 위로하지만 정말 돈이 없어서 시작을 못하는 것일까? 아니면 미래를 위해서 오늘의 '만족'을 조금이라도 내려놓을 마음이 없는 것일까?

○ **미래를 바꾸는 좋은 선택과 나쁜 선택**

좋은 선택	나쁜 선택
매달 소득 중 일부를 저축 또는 투자로 분리한다.	남는 돈이 있을 때만 저축하려고 한다.
오늘의 소비를 줄이고 미래의 여유를 준비한다.	오늘의 행복이 먼저라며 소비를 멈추지 않는다.
국민연금, 퇴직연금, 개인연금을 꼼꼼히 챙긴다.	연금은 나중 문제라고 생각하며 무관심하다.
소비습관을 점검하고, 고정지출을 줄이려 노력한다.	지출은 줄이기 어렵다며 무조건 '더 벌기'만 생각한다.
'어떻게든 준비하자'는 태도로 작은 행동부터 시작한다.	'어떻게든 되겠지'라는 막연한 기대만 품고 아무것도 하지 않는다.

우연히 만들어진 결과는 없다. 원인이 없는 결과도 없다. 노후에 가난한 이유는 여러분이 나쁜 선택만을 하며 현재를 즐기기만 했기 때문이다.

노후가 빈곤해지는 흔한 사례들  잠깐 알고가기

"우리 부부는 고소득자였지만, 결국 노후는 망했다" - 어느 맞벌이 부부의 고백

대기업에 다니는 맞벌이 부부가 있었다. 연간 소득은 상여금까지 포함하면 1억 원을 훌쩍 넘기는 고소득자였다. 당연히 소비도 그에 맞췄다. 월급이 아닌 '연봉 전체'가 기준이었고, 상여금은 늘 당연히 들어올 것으로 생각했다.

"젊을 때는 경험이 중요하지."
그들은 그렇게 믿었다. 여행을 자주 떠났고, 아이가 생기기 전까지는 취미, 외식, 쇼핑에도 아낌이 없었다. 주변 사람들과 비교해 '우리도 이 정도는 해야지'라는 생각으로 삶을 누렸지만, 정작 저축은 '남들만큼'도 하지 않았다.

"앞으로 연봉도 오를 테고, 나중에 더 벌면 준비하지 뭐."
그들은 미래가 지금보다 나을 거라 굳게 믿었다. 하지만 현실은 다르게 흘렀다. 물가는 오르고, 하고 싶은 것도 늘어나면서, 소득이 늘어도 저축은 늘지 않았다. 오히려 소비 기준이 더 높아졌을 뿐이었다. 그러던 어느 날, 예고 없이 상여금이 끊겼다. 예상치 못한 회사의 정책 변화였다. 하지만 이미 고정된 생활 수준은 줄이기 어려웠고, 결국 저축을 먼저 줄이게 되었다. 그 직후 아이가 태어나면서 지출은 더 늘어났고, 이제는 저축 자체가 불가능해졌다.

이제 그들은 말한다.
"그땐 돈이 없었던 게 아니라, 준비하려는 마음이 없었던 것 같아요."

"장사는 잘됐지만, 노후는 망했다" - 어느 자영업자의 고백

40대 중반의 김 씨는 10년 넘게 식당을 운영해 온 자영업자였다. 장사는 잘됐다. 코로나 이전엔 줄을 설 정도였고, 매출도 꾸준히 나왔다. 소득은 들쭉날쭉했지만 한 달에 500만 원 이상은 손에 쥘 수 있었다.

"이 정도면 나쁘지 않지. 지금 벌 수 있을 때 즐기자."
그는 아내와 함께 시간이 날때마다 해외여행도 다니고, 외제차 리스도 부담 없이 지출했다. 삶이 팍팍했던 20대 시절을 생각하며 이제는 '좀 누려도 되지 않나' 싶었다. 주변에서 노후준비 이야기가 나와도 이렇게 답했다.

"지금도 바쁜데 언제 그런 걸 준비해? 장사 계속하면 되지."
그렇게 몇 년이 흘렀고, 어느 순간 매출이 떨어지기 시작했다. 프랜차이즈들이 동네로 밀려들었고, 배달앱 중심의 외식 문화로 손님이 줄었다. 하지만 생활비는 줄이지 않았다. 가게를 이전하면서 대출까지 받았다.
소득이 줄자 가장 먼저 줄인 건 '보험'과 '저축'이었다. 건강검진도 몇 년째 미뤘고, 아픈 허리는 진통제로 버텼다. 언제쯤 은퇴할 수 있을까 생각하다가, 어느 순간 이렇게 말하고 있었다. "이제는 은퇴라는 게 의미가 없어. 그냥 일하다 끝내는 거지."

이 사례들은 특별한 사람의 이야기가 아니다.
지금 우리가 사는 방식이 이 부부의 이야기와 얼마나 닮아 있는지 돌아보자. 고소득이라도, 지금이 아무리 풍요로워도 '준비 없는 삶'은 가난한 노후를 예고할 뿐이다. 대부분의 경우 돈이 없다는 말은 핑계일 뿐이다. 반드시 지출하지 않아도 되는 항목을 찾아보라. 무조건 새는 돈을 찾아낼 수 있을 것이다. 설령 필수지출만으로도 남는 돈이 없다면 시간을 활

> 용하라. 투잡, 쓰리잡을 통해 번외 소득을 만들자.
> **노후준비의 부재, 마음의 부재인 것은 아닌지 생각해보자.**

어떻게든 되겠지?
어떻게든 가난해진다!

|2|

안일함이 불러올 가난한 노후

은퇴 후 삶의 모습은 숙명처럼 받아들여야 하는 운명이 아니다. 과거의 내가 결정한 선택이 만들어낸 결과물이다. 하지만 노후준비에 대한 현주소는 참담하다. 많은 사람들이 20~30년 후의 노후를 막연하게 걱정은 하지만 걱정을 덜어낼 수 있는 행동을 실행하지는 않는다. 그저 '어떻게든 되겠지'라는 믿음 혹은 현실회피로 노후준비를 미루기만 한다. '어떻게든 절제하고 저축을 하다보면 어떻게든 되겠지'라면 모를까, 외면이 가져올 미래는 오로지 가난한 노후의 삶이다.

30대에게 묻고 싶다. "지금까지 한평생 여행 한번 못 갈 정도로 빈곤한 삶을 살아왔다라고 가정하면 지난 30여 년간의 시간은 과연 행복했을까? 견뎌낼 수 있었을까?"라고 말이다. 직장인의 평균 은퇴 나이가 60세 전후이고, 2023년 기준 여성의 기대여명이 86세이다. 은퇴 후 보내야하는 물리적 시간도 30여 년이라는 것이다. 노후에 맞이하게 될 빈곤한 삶을 30여 년간 견딜 수 있을까? 심지어 노후엔 신체가 건강하리라는 보장도 없는데 말이다.

가난의 출발점이 젊은 나이였을 때는 건강한 신체와 에너지가 있기 때문에 앞으로는 조금씩 가난을 탈출할 수 있을 것이라는 희망으로 견뎌낼 수 있다. 지금까지는 가난했지만 앞으로는 좋아질 것이란 희망으로 버텨진다. 그리고 실제로 극복도 할 수 있다. 하지만 가난의 출발점이 60대 일 때는 다르다. 노동력은 떨어져 있고 신체는 건강하지 않을 수 있다. 노후에 가난하면 더 가난해질 뿐 앞으로는 부자가 될 것이라는 희망은 사실상 없는 이유이다.

어떻게든 되겠지?

수년째 OECD 국가 중 노후빈곤율 상위권을 차지하고 있는 것이 그 결과이다. 과연 지금 은퇴한 세대들이 과거에 열심히 살지 않고 사치스러운 소비를 해왔기 때문에 지금의 결과를 맞이한 것일까? 그렇지 않다. 그 누구보다 열심히 일하며 절약하며 살아왔지만 노후준비는 하지 않았기 때문에 지금의 결과를 맞이한 것이다. 모든 결과에는 원인이 있으며 지금의 내 모습은 과거에 내가 선택한 수많은 결정이 모인 값이다. 어떻게든 되겠지라는 마음으로 어떠한 것도 하지 않으면 그 결과는 어떻게든 가난해질 뿐이다.

어떻게든 준비하라!

만약 로또의 당첨확률이 30%라면 과연 여러분은 주말마다 복권을 구매하지 않을 수 있을까? 여러분은 반드시 30%의 확률 안에 본인이 포함될 것이라는 확신으로 어떻게든 로또를 구매할 것이다. 이번주에 안되면 다음주엔 당첨될 것이라는 희망을 놓지 않을 것이다.

노후를 마주하게 될 확률은 100%이다. 은퇴 전에 죽지 않는 이상 우리는 반드시 노후의 삶을 살게 된다. 그러니 어떻게든 노후를 준비하라. 다행히도 여러분에게는 돈은 부족할지 모르지만 시간은 부족하지 않다. 20~30년이라는 시간이 남아 있으며 작은 노력으로도 든든한 노후를 대비할 수 있다.

10만 원이라도 좋다. 매월 10만 원은 결코 크지 않은 돈이지만 30년이라는 시간동안 S&P500의 평균수익률인 연복리 10%로 굴린다면 2억 원이 넘는 돈을 만들 수 있다. 작은 금액이라고 해도 꾸준함과 30년이라는 시간, 복리의 힘이 더해지면 큰 자산이 될 수 있다. 여러분에게 시간의 힘을 사용할 수 있는 젊음을 가지고 있다는 것은 큰 축복인 것이다. 하지만 여러분에게 주어진 축복은 지금 이 순간에도 조금씩 힘을 잃어가고 있다. 그 힘을 사용할 수 있을 때 사용하길 바란다.

여러분의 월급은 반드시 멈춘다 |3|

우리는 열심히 일을 해서 돈을 벌 수 있다. 노동소득이다. 또 우리는 노동소득을 통해 얻은 돈을 잘 굴려서 돈을 벌 수 있다. 자본소득이다. 그런데 이 두 가지의 소득은 각각의 특징이 있는데 이 원리를 제대로 이해하지 못한다면 언젠가 틀림없이 가난해진다. 지금부터 노동소득과 자본소득의 원리에 대해서 알아보자.

노동으로 얻을 수 있는 소득의 총량은 정해져 있다

우리가 만약에 기대수명까지 별문제 없이 생산성을 유지할 수 있는 신체구조를 가지고 있다면, 노후준비를 걱정할 필요가 전혀 없었을 것이다. 죽기 한 달전까지 일을 해서 월급을 받을 수 있는데 돈 걱정을 뭐하러 하겠는가. 하지만 안타깝게도 일을 할 수 있는 나이는 기대수명보다 상당히 짧다. 인간이기 때문에 반드시 늙게 되고 병들기 때문이다. 일반적으로는 40~50대가 지난 시점부터는 생산성이 감소하기 시작하며, 60대쯤이면 더 이상 경쟁력 있는 노동소득을 만들어내기 어려워진다. 그래서 노동을 통해 얻을 수 있는 소득의 총량은 정해져있고 예상이 가능한 것이다.

회사에 취직해서 월급을 받는 사람이라면 평생 벌어들일 소득의 총량을 더 쉽게 예측할 수 있다. 연소득 3,000만 원(세후)로 시작했다면 평균임금상승률과 평균근속연수를 곱하여 생애총소득을 알아낼 수 있다.

○ **연소득에 따른 생애총소득 예상치**

30세 연소득	55세까지 총소득 (약)
3,000만 원	12억 9,247만 원
4,000만 원	17억 2,329만 원
5,000만 원	21억 5,412만 원

▲ 최근 10년간 명목임금상승률의 산술평균값은 약 3.8%, 이를 기준으로 계산한다.

사회에 진출했을 때 받는 연소득에 따라서 은퇴할 때까지 벌어들일 수 있는 소득의 총량을 가늠할 수 있으니 이제는 반드시 지출해야 하는 항목들이 무엇인지, 필요한 예산은 얼마나 소요되는지도 계산해보자.

잠잘 곳은 있어야 하니 내 집 마련은 필수이다. 서울에서 평균아파트 매매가격은 13억 원이고 전국 평균은 10억 원이다. 차량도 필수품인 시대이다. 30년간 최소 3번의 차량교체가 필요할 것이다. 한 대당 3,000만 원씩 잡고 물가를 고려하지 않아도 최소 1억 원이 소요된다. 살아만 있다면 여러분은 100%의 확률로 노후를 맞이할 것이다. 그래서 노후에 지출하는 돈도 생각해야 한다. 하루에 2끼만 먹는다고 가정하고 한끼당 비용은 1만 원으로 고려했을 때 노후 30년간 필요한 식비만 2억 1,900만 원이 필요하다.

여기서 끝이 아니다. 내 집 마련을 위해 10억 원짜리 아파트를 현금으로 사는 사람은 거의 없다. 대부분은 은행의 힘을 빌리게 되고,

은행은 공짜로 돈을 빌려주지 않는다. 그래서 아파트 가격 10억 외에 이자비용도 함께 계산해야 하는데 10억 원짜리 집을 사기 위해서 50%를 대출받았다고 가정했을 때 30년간 발생하는 이자가 3.5억 원이다(금리 4% 가정). 이 돈도 필수지출 항목에 함께 계산해야 한다.

결론적으로 우리가 살면서 모아야 할 돈의 규모는 17억 원가량이다. 이 숫자에는 물가상승률과 자녀관련 비용은 포함되지 않았다. 그럼에도 불구하고 여러분의 총소득을 한 푼도 쓰지 않고 모아도 해결하기 어려운 돈이다.

○ **생애소득의 한계**

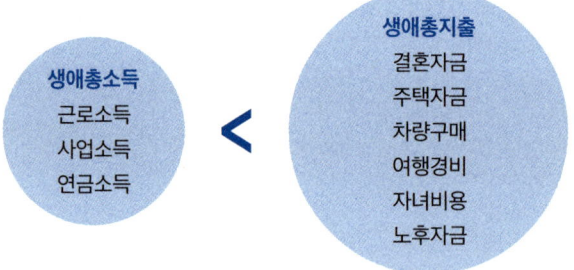

이처럼 우리는 평생 동안 노동을 통해 벌 수 있는 소득의 총량이 어느 정도인지 예측이 가능한 존재이다. 하지만 인생에서 반드시 지출해야 할 항목들은 시간이 지날수록 다양해지고 있고, 소득상승률보다 빠른 물가상승률 탓에 우리가 평생 벌 수 있는 소득보다 더 많은 지출이 우리 앞에 기다리고 있다.

나의 생애총소득이 100인데, 미래에 지출해야 할 생애총지출이 120이라면, 대응방법은 두 가지뿐이다. 먼저 지출관리를 통해 총지출을 100 이하로 낮추는 노력이 필요하다. 아파트 평수를 줄이거나, 자녀교육비를 줄이거나, 외식비를 줄이는 등의 노력을 해야 한다. 지출을 줄이고 싶지 않다면 남은 방법은 노동소득으로 확보한 자산을 효율적으로 관리하여 120으로 불리는 것이다. 고금리를 찾고 투자를 잘해서 총지출을 커버할 수 있을 만큼 돈을 키워야 한다.

하지만 많은 사람들이 생애총소득으로 생애총지출을 감당할 수 있을 것이라는 착각을 하며 살아간다. 그래서 내가 감당할 수 있는 소비의 수준을 벗어난 지출을 하고 미래를 위한 대비는 소홀히 한다. 그리고 노동소득이 끊기는 그 날에 임박해서야 깨닫는다. 하지만 이미 늦었다. 남은 방법은 그저 어떻게든 일자리를 구해 노동소득을 연장시키는 것만이 유일하다.

지금 이 순간부터라도 나의 총소득은 정해져 있다는 사실을 자각하고 그 안에서 어떻게 분배할지, 어떻게 모을지, 어떻게 불릴지 그리고 무엇보다 어떻게 지출을 통제할지를 냉정하게 고민하도록 하자.

노후에는 자산이 많아야 부자가 아니다. 매달 돈이 마르지 않고 흐르는 사람이 진짜 부자다.

소소한 행복이 모여 만든
가난한 미래

03

"사는 게 팍팍한데, 이 정도는 누리고 살아야지."
"매일 수고했으니, 이 정도는 나 자신에게 주는 선물이야."
"내 친구도 저 정도는 하는데, 나라고 못할 이유가 없지."

이처럼 오늘의 작은 행복을 위해 지갑을 열었던 그 수많은 순간들이, 과연 나의 노후에도 같은 만족을 안겨줄 수 있을까?

이번에는 우리 삶에 깊숙이 들어와 있지만 자각하지 못하는 소비 심리 그리고 그 소비가 노후의 삶에 어떤 영향을 미치는지를 짚어본다. 대부분의 사람들은 '가난해지고 싶어서' 가난해지는 것이 아니다. 그러나 부자가 되기 위해 인내하려는 노력도 부족하다.

당장의 피로를 위로하려는 소비, 타인의 시선을 의식한 소비, 매달 조금씩 지출되는 구독료와 명품 같은 가시적인 소비들이 쌓이고 쌓여 노후 자산의 밑바닥을 만들어 놓는다.

우리는 지금부터 스스로에게 질문을 던지게 될 것이다.
"나는 왜 자주 소비를 후회하는가?", "나는 과연 '내가 원하는 삶'을 위해 소비하고 있는가?", "오늘의 선택이, 내일의 자유를 해치고 있진 않은가?"

소소한 행복은 나쁜 게 아니다. 다만 그 '소소함'이 반복될수록 미래의 일상은 결코 소소하지 않을 것이라는 진실을 받아들여야 한다. 우리가 매일 누리는 작은 소비가 노후의 소비 선택지를 좁히고 있다는 현실을 마주해야 할 시간이다. 지금부터, 눈앞의 기쁨이 아닌 10~20년 후의 삶을 위한 소비는 무엇인지 함께 고민해보자.

소비하면 행복해진다.
소비가 모여도 행복해질까? |1|

쉬운 결제로 잃은 '판단할 시간'

돈 쓰기 정말 쉬운 세상이다. 수많은 기술의 진보가 있었지만 가장 눈부신 발전 중 하나를 꼽자면 필자는 '결제방식의 진화'라고 이야기하고 싶다. 그리고 결제방식이 극단적으로 간편해지면서 우리는 편리함을 얻었지만 잃은 것도 있다. 그것은 바로 생각할 시간이다. 진짜 필요한지 아닌지 망설일 시간조차 우리에게는 허락되지 않는다. 과거의 우리가 소비를 결심하고 지불하기까지 과정을 생각해보자.

현금, 결제되기까지 걸리는 시간 '1분'

지갑을 꺼내 지폐를 꺼내고 세어본다. 지갑 속에 내 돈이 얼마나 남았는지, 결제 후 얼마나 남게 될지 명확하게 파악할 수 있다. 판매자에게 최종적으로 구매대금이 전달되기까지 약 1분의 생각할 시간이 주어진다. 진짜 이 소비가 필요한 것인지에 대해서 말이다.

카드, 결제되기까지 걸리는 시간 '30초'

지갑을 꺼내 신용카드를 고른다. 신용카드를 골랐으면 판매자에게 카드를 전달한다. 정말 꼼꼼한 소비자가 아니라면 이번 결제로 인해 다음달에 결제해야 할 카드대금을 정확하게 파악하고 있지 않는다. 그래서 이번 소비가 나의 재정상황에 어떠한 영향을 미칠지 정확하게 파악하지 못한다. 그래도 일시불로 결제할지 할부로 결제할지 물어볼테니 30초가량의 생각할 시간은 남아있다.

간편결제, 결제되기까지 걸리는 시간 '1초'

구매버튼을 누름과 동시에 지문 또는 얼굴인식을 통해 결제가 완료된다. 구매버튼을 눌렀다면 더 이상 생각할 수 있는 시간이 주어지지 않는다.

이러한 결제시스템의 진보는 우리에게 편리함을 선물해주었지만, 돈의 가치를 느낄 시간을 빼앗았고 어렵게 번 돈을 매우 쉽게 쓸 수 있도록 해주기도 하였다. 절약을 할 수 있는 여러가지 장벽을 다 무너트린 것이다. 그러나 사람들은 돈이 빠져나가는데 슬퍼하기보다는 소비를 통해서 오히려 즐거움을 느낀다.

그래서 많은 사람들이 소비를 통해 행복을 느낀다는 착각에 빠진다. 하지만 소비 후에 느끼는 행복이라는 감정은 우리가 추구하는 행복의 개념과는 거리가 멀다. 사실은 도파민이라는 신경전달물질이 분비되면서 느끼는 쾌감인 것이다. 소비를 통해 일상이 편해질 때 느끼는 감정, 소비를 통해 남들에게 나를 뽐낼 수 있을 때 느끼는 감정, 이런 감정들은 행복이 아니라 쾌감이고 흥분이다.

문제는 도파민은 무한하게 분비되지 않으며 오랜시간 지속되지도, 쌓이지도 않는다. 결제금액의 크기와 쾌감의 지속시간이 어느정도 비례하기는 하지만 그 기간은 터무니없이 짧은 편이다. 드림카를 구매해도 스스로 차를 통해 행복하다고 느끼는 시간은 한 달을 가지 못한다. 결국 또다른 곳에서 쾌감을 느끼기 위해서 다른 자극을 찾아 나선다. 문제는 점점 더 강한 자극이 필요하다는 것이다. 100만 원을 소비했을 때 얻는 쾌감을 맛보기 위해서 다음엔 더 큰 돈을 소비해야만 비슷한 수준의 쾌감을 느낀다.

결국 쾌감을 얻기 위한 소비중독에 빠지게 된다. 소비중독이 무서운 이유는 소비의 명분이 '필요성'이 아니라 '쾌감'을 얻기 위해서 라는데 있다. 결국 쓰지 않아도 되는 돈을 계속 쓰게 되는 것이고, 고정지출이 되어버리고 미래를 위한 저축여력은 갈수록 줄어든다. 저축여력이 '0원'이 될 때까지 소비가 늘어나면 과소비는 멈추어질까?

아니다. 미래소득을 현재소비로 사용하기 시작한다. 미래소득을 현재로 가져오는 방법은 심플하다. 신용카드와 대출을 이용하면 간단하게 해결된다. 결국 현재 삶이 행복해야 한다는 명분 하에 미래의 행복을 당겨쓰는 셈인데 그럼 시간이 지난 후 마주하게 될 미래에서의 내 삶은 무엇이 기다리고 있을까? 현재의 행복이 쌓여서 미래에도 행복을 남길까?

소비를 통해 느꼈던 행복은 '가난'을 낳는다

1년 전에 구매한 명품가방, 몇 달 전 근사한 레스토랑에서의 식사로 느꼈던 쾌감은 지금 이 순간 남아있지 않다. 그 감정은 휘발되어 사라진지 오래다. 그때 지출한 돈도 사라졌다. 덕분에 저축과 투자를 하지 못했고 미래를 위한 자산으로 전환되지 않았다. 기억에 남지도 쌓이지도 않는 소비들이 모여서 우리가 마주할 노후를 가난한 삶이라는 결과를 남겨 버린 것이다. 지금의 쾌감이 미래의 불행을 적립하고 있는 것이다.

물론 우리는 오늘도 행복하게 살아야 한다. 하지만 노후에도 행복해야 한다. 젊어서 행복하고 여유롭게 살았다고 해서, 노후에 덜 행복하고 덜 여유롭게 살아도 괜찮은 것은 아니다. 지금의 절약은 불편한 감정을 만들지만 미래에 경제적 여유를 선물해줄 것이다. 반대로 지금의 과소비는 행복하다는 착각을 만들지만 미래에 확실한 불행을 선물할 것이다.

'좋은 경험이었으니까 괜찮아'라는 착각 | 2 |

충동소비를 하고 난 후, 약간의 후회감이 밀려들 때 스스로를 위로하기 위해 하는 말이 있다.

'그래도 좋은 경험이었어.', '한번쯤은 경험해 봐야지.'

여기서 쓰인 '경험'이라는 단어가 우리가 알고 있는 경험이라는 단어와 사전적 정의가 동일할까? 보통 경험이라고 하면 어떠한 행동을 통해 얻는 깨달음이라든지, 도전에 실패했지만 도전을 통해 깨달은 노하우라든지, 내 삶에 비료가 되고 자양분이 되는 그 무언가를 우리는 경험이라고 이야기한다. 그래서 진짜 경험은 실패가 두려워도 도전하는 용기에서, 악조건 속에서도 배우고자 하는 노력에서 만들어지는 것이다.

1박에 100만 원짜리 호텔에서 하루를 즐기는 호캉스를 보내고 난 뒤 밀려오는 허망함, 연소득의 2배에 달하는 수입차를 구매한 뒤 감당 안돼서 중고로 내놨는데 감가비용이 너무 클 때 느끼는 후회, 잠깐의 쾌감을 위해 노후를 좀 더 가난하게 만든 과소비였을 뿐 미래에 마주할 나의 삶에 도움이 되는 경험들은 아니다.

　　이렇게 소비를 통해 얻는 것은 잠시 동안의 기분 전환일 뿐이다. 시간이 지나면서 물건은 낡고, 기억은 흐려지고, 사진 속에서 행복한 나의 모습이 지금의 나에게 행복을 전해주지는 않는다. 그저 남는 것은 매달 날아오는 카드 명세서로 인한 허탈감과 돈을 모으지 못한 것에 대한 후회뿐이다.

　　물론 모든 소비가 악은 아니다. 문제는 충동 소비, 습관적인 소비이다. 소비를 하기 전에 스스로에게 질문해보자.

- 이 소비는 나에게 어떤 가치를 남겨줄까?
- 이 소비는 '미래의 나'에게 유익한가?
- 이 소비는 그저 스트레스를 풀기 위한 충동구매는 아닌가?

　　우리는 '쾌감'을 '행복'으로 착각하고, '자극'을 '경험'으로 포장하면서 스스로를 속이고 있을지도 모르겠다. 도파민은 잠시 나에게 충만한 행복감을 줄 수 있지만 내 삶을 단단하게 만드는 내공을 주지는 않는다. 경험이라고 하면 여러분의 인생을 한 단계 성장시킬 수 있는 힘이 있어야 한다. 내가 향하는 삶의 방향이 조금은 바뀌어야 한다. 그렇지 않다면 그것은 경험이 아니라 불필요한 소비일 뿐이다.

이 소비, 내가 한 걸까? 남이 시킨 걸까? |3|

소비에도 주체성이 필요하다

분명 내 지갑에서 내 손으로 돈을 직접 꺼내어 소비를 하지만 대부분의 소비는 내가 아닌 타인에 의해서 소비하고 있다는 사실을 알고 있는가? 우리가 모르는 사이에 많은 영역에서 소비의 결정 주체는 스스로가 아니라 타인에 의해서 결정되고 있다. 나는 이것을 '타인에 의한 소비'라고 칭한다.

대표적인 타인에 의한 소비의 예시이다

연소득 4,000만 원 수준인 A는 주로 주말에 이용할 목적으로 차량을 구매할 예정이었다. 처음 계획은 자동차세도 저렴하고, 주차비도 저렴한 경차를 구매 리스트에 올려놨지만 주변 친구들이 남자가 경차 타고 다니면 여자친구도 생기지 않는다는 말을 한 것이 은근히 신경쓰였다. 그러고보니 주변에 경차 타고 다니는 친구는 없고, 회사 동료도 마찬가지였다. 그래서 A는 2,000만 원을 할부를 이용해서 큰 차를 사버렸다. 예상하지 못했던 할부금 지출 36만 원, 세금 4만 원, 보험료 10만 원의 고정비용이 생겨버렸다. 경차를 구매했다면 발생하지 않았을 고정비용이 매달 45만 원가량이 추가된 셈이다.

만약 A가 45만 원이라는 돈을 5년간 S&P500을 추종하는 ETF에 투자했다면 얼마나 모을 수 있을까? 과거 연평균 수익률 9%를 가정하여 대입해보면 약 3,400만 원을 모을 수 있었을 것이다. 하지만 A는 중형차를 구매함으로써 5년 후 감가상각 비용으로 2,000만 원을 날렸고, 3,400만 원을 모을 기회도 날렸다. 그런데 모으지 못한 돈은 사실 3,400만 원이 아니라 약 2억 원이다. 왜냐하면 3,400만 원을 20년간 9%로 굴리면 만들 수 있는 돈이 약 2억 원가량이기 때문이다. 30대에 소나타를 타기 위해서 50대에 탈 수 있었던 포르쉐를 포기한 것과 같다. 한순간의 선택이 만든 결과치고는 작지 않은 재정적 타격이다.

내 집을 마련할 때 우리의 모습은 어떠한가?

집은 결국 오른다는 주변 사람들의 이야기, 아파트에 살지 않으면 남들보다 뒤처지는 삶을 사는 것 같은 열등감과 창피함, 그래서 한 달 소득의 절반을 은행에 갖다 바치면서까지 기어코 아파트를 구매하는 사람들의 이야기는 특별한 사연이 아니라 우리 주변에 흔히 볼 수 있는 사연들이다. 이들은 주변 사람들이 부러운 시선으로 바라보는 모습에 어깨가 으쓱할 것이다. 그러나 속내를 들여다보면 통장잔고는 늘 부족하고, 대출상환 부담으로 인해 자녀계획도 세우지 못하는 삶을 살아가고 있지만 내색은 할 수 없다.

사실 내 집 마련을 계획할 때 재테크와 타인의 시선을 고려하지 않는다면 얼마든지 합리적으로 내 집 마련이 가능하다. 3인 가족이라면 20평대의 아파트나 빌라에 거주해도 아무런 불편함이 없다. 꼭 서울에 살지 않아도 된다. 그저 마음이 불편한 것이다. 평수가 작아서, 아파트가 아니라서 창피한 것이다. 남들은 다 크고 좋은 집에 사는 것 같은데 나만 그렇지 않아서 뒤처지는 기분이 싫은 것이다.

자녀양육에서는 타인의 시선으로부터 자유로울까?

전세계 출산율 꼴찌의 대한민국이지만 자녀를 위해 돈을 쓰는 규모는 전세계 1등일 것이다. 일단 자녀가 태어나기 전부터 수백만 원에서 수천만 원을 지출한다. 유명 연예인도 다녀갔다는 산후조리원을 예약하기 위해서는 임신 전부터 줄을 서야할 정도라고 하니 참으로 재미있는 현상이다.

유모차로 대표되는 육아용품은 어떠한가? 200만 원이 훌쩍 넘는 수입 유모차는 엄마들에게는 명함과도 같은 상징이 되어버렸고, 한 계절도 입지 못하는 아이들 옷에도 수십만 원씩 아낌없이 쏟아 붓는다. 이뿐인가? 언제부터인가 패밀리카의 기준도 중형차 이상으로 상향되어버렸다. 기껏해야 3인 가족인데도 트렁크 공간이 부족하다며 큰 차로 교체를 한다. 유모차를 작은 걸 샀으면 차를 바꾸지 않아도 되었을텐데, 200만 원짜리 유모차를 싣고 다니기 위해서 5,000만 원짜리 SUV를 산다.

아이는 아무 말이 없지만 부모는 항변한다. 우리 아이 기죽으면 안되니까 남들이 하는 만큼은 해주어야 한다는 것이다. 유모차를 타고 다니는 아이가 친구의 유모차를 보고 기가 죽을리 만무하니 결국 부모들이 타인의 시선에 스스로를 맞추기 위해서 합리화를 한 것밖에 안된다.

문제는 여기서 끝나지 않는다. 교육비 지출에 있어서도 철저하게 타인의 시선 속에서 지출을 결정한다. 아이들이 다니고 싶은 학원이 아닌 부모들이 보내야 한다고 결정한 학원에 보낸다. 본인들도 그렇게 공부하지 않았을 텐데 4세 고시, 7세 고시라는 말이 유행할 정도로 사교육의 진입 나이는 날이 갈수록 낮아지고 있다. 타인의 시선으로 인해 단순히 돈을 쓰는 것을 넘어 내 자녀의 인생을 180도 바꾸려 한다는 것이다. 사례에서 보듯이 타인의 시선에 의한 소비는 크게 두 가지 부작용을 낳는다.

고정비용이 높아진다

꼭 필요하지 않은 지출을 하게 된다. 많은 사람들이 구매한다고 해서 나에게도 필요한 물건은 아닐 수 있다. 다들 캠핑을 다닌다고 나도 텐트를 살 필요가 없는 것처럼 말이다. 하지만 '남들만큼'이라는 강박감은 나도 모르게 텐트를 구매하게 만든다. 문제는 이러한 지출이 일회성으로 끝나지 않는다는 것이다. 이번엔 텐트지만 다음엔 해외여행일 수 있다. 그렇게 고정비용이 높아지고 당연히 저축량은 줄어든다.

과소비를 유발한다

우리가 말하는 '남들처럼'에서 남들의 기준이 너무 높다. 비교 대상을 유명 연예인, 부자들… 당연하게도 내 수준에 맞지 않은 과소비를 하게 된다. 내가 비교한 타인에게는 사실 크게 무리한 소비가 아니었을 수 있지만 나에겐 무리한 소비가 된다. 비교를 하려면 객관적으로 해야하지만 그들의 소득과 자산규모를 정확히 볼 수 없으니 눈에 보이는 물건만으로 비교를 한다.

그들이 소득대비 얼마나 저축과 투자를 하는지는 왜 비교하고 따라하지 않을까?

결국 과소비가 고정지출이 되는 최악의 악순환이 시작되는 것이다. 지금은 남들처럼 살기 위해 돈을 썼지만, 나중엔 남들처럼 살지 못하는 이유가 되는 순간이다.

노후를 맞이한 여러분, 여러분 눈에 보이는 남들의 은퇴 후 삶은 날이 좋으면 골프를 치러 떠나고, 1년에 한두 번은 해외여행을 다니며 여유로운 은퇴 생활을 보내고 있다. 그럼 여러분도 그들처럼 여유로운 은퇴 생활을 따라할 수 있을까? 남들만큼 사는^{Buy} 것은 누구나 가능하지만, 남들만큼 사는^{Live} 것은 준비된 자만 가능하다. 물건은 살 수 있지만 노후는 살 수 없다는 단순한 사실을 하루라도 빨리 깨닫기 바란다.

잘하고 싶은 거야?
자랑하고 싶은 거야?

|4|

'자랑소비'를 하게 되는 원인

'남들만큼은 보여야 한다'는 생각이 만든 소비가 있다면, '남들보다 더 잘 보여야 한다'는 욕망이 만든 소비도 있다. 바로 자랑소비다. 이 소비는 실용성도, 필요성도 아닌 '주목받고 싶음'이 소비의 출발점이 된다. 타인의 부러운 시선이 나를 향할 때 느끼는 짜릿한 감정, 그것이 자랑소비의 본질이다.

그 자전거, 얼마예요?

운동도 할 겸, 교통비도 줄일 겸 출퇴근용으로 처음 자전거를 타기 시작한 A는 당근에서 50만 원짜리 하이브리드 자전거를 구입했다. 출퇴근용으로 충분했고, 주말이면 자전거를 타고 한강을 달리는 기분도 좋았다. 그런데 자전거 동호회에 가입한 뒤부터 이상한 변화가 생기기 시작했다.

누구는 프레임이 카본이네, 누구는 변속기가 전자동이네 하면서 자전거 스펙 이야기가 주요 주제였고, 동호회 사람 중 누군가 값비싼 자전거를 새로 구매하기라도 하면 그날의 모든 관심사는 그의 자전거에 몰렸다. 자연스럽게 '비싼 장비'가 '자존심'이 되는 분위기가 형성되었고 A도 동호회에서 남들에게 주목받고 싶었다. 결국 그는 1,200만 원짜리 고급 로드자전거를 36개월 할부로 구매했다. '운동을 제대로 하려면 장비도 중요해'라는 자기 합리화를 곁들여서 말이다. 하지만 그는 남들에게 36개월 할부로 구매했다는 사실을 공개하지는 않았다. 사실 본인도 스스로에게 떳떳한 소비가 아니었던 것이다.

하지만 문제는 평일에 로드자전거를 타고 출퇴근을 하자니 1,000만 원이 넘는 자전거를 회사 밖에 세워둘 수 없어 결국은 50만 원짜리 중고자전거를 이용했다. 주말에도 반나절 정도만 시간을 내어 한강 근처를 도는 수준이었고, 그마저도 여름과 겨울엔 날씨 탓에 자전거를 타지 못했다. 당연히 대회를 나가는 것도 아니고, 자전거를 통해 소득을 만들어낼 수 있는 것도 아니었다. 솔직히 그는 '더 잘 타고 싶어서'가 아니라, '더 잘 보이고 싶어서' 비싼 자전거를 산 것이다. 남들에게 '나 이 정도 되는 사람이야'라고 과시하기 위한 '자랑소비'였던 것이다.

이러한 자랑소비는 자전거에만 해당되는 이야기가 아니다.

- 연봉이 4,000만 원인데 6,000만 원짜리 수입차를 풀할부로 구매해서 타는 사람
- 집도 없고, 차도 없지만 핸드백은 1,000만 원짜리는 드는 사람
- 해외여행 후 카드값 걱정 때문에 잠이 안 오는 사람

이 사연들은 각각 다른 사람들의 사연이 아니다. 한 사람이 자랑소비를 끊지 못하고 살아가는 모습이다. 큰 맘 먹고 이번 한번이 마지막이라는 마음으로 자랑소비를 하지만 끝나지 않는 자랑소비의 굴레에서 벗어나지 못하는 삶을 살아간다.

내 능력 안에서 자랑하는 사람은 없다

진짜 부자는 자랑하지 않는다. 티를 내지 않아도 티가 나기 때문이기도 하고, 돈 많다고 자랑해봤자 돈 빌려달라는 사람만 많아져서 피곤하다는 것을 잘 알기 때문이다. 사실 자랑은 빛나는 것의 증명이 아니라 불안한 자기자신의 가면일 수 있다.

그럼에도 불구하고 우리는 종종, 아직 벌지 않은 미래소득을 담보로 오늘을 포장한다. 신용카드, 리볼빙, 대출 등을 활용해 미래소득을 현재소비로 맞바꾼다. 심지어는 중요한 노후자금 중에 하나인 퇴직금을 정산 받아 자랑소비를 위해 써버리는 경우도 흔하다. 이해할 수 없는 소비패턴이지만 과시욕구라는 것이 사실 상당히 중독적이라서 스스로를 통제 못하는 경우가 많다. 과시를 통해 남들이 부러워하는 시선으로 나를 바라볼 때 느끼는 쾌감으로 '인정욕구'를 해소할 수 있기 때문에 그 중독성은 생각보다 크기 때문이다. 인간은 누군가에게 인정받지 못하면 행복을 느끼기 어려운 존재이다.

문제는 점점 더 큰 자극이 필요하고, 쾌감이 지속되는 시간은 점점 짧아진다.

이번에 6개월 할부였다면, 다음에는 12개월 그 다음은 36개월 할부로 자랑소비를 위한 지출을 한다. 과시를 위한 지출규모는 더 커지고 자랑소비로 느끼는 쾌감은 짧아지지만, 점점 더 길고 긴 '불쾌한 가난'을 예약하게 된다.

노후에도 자랑하며 살 수 있을까?

노후엔 앞당겨 쓸 미래소득이 없다. 대출받기도 어렵다. 중간정산 할 퇴직금도 없다. 젊을 땐 미래소득을 빌려 사용할 수 있지만 노후에는 불가능하다. 그래서 젊어서는 '부자인 척'을 할 수 있지만 노후엔 '부자인 척'조차 할 수 없다.

그리고 **노후에 최고의 자랑은 '물건'이 아니라 '연금소득'**이다. 하루 종일 공원에 나와 산책만 해도 따박따박 나오는 연금소득의 '규모'가 최고의 자랑거리이다. 하지만 노후준비를 하지 못한 자가, 연금소득을 따라할 수 있는 방법은 없다.

정말 '잘'하고 싶은 것인지, '자랑'이 하고 싶은 것인지, 지갑을 열기 전에 한번만 생각하자.

똑똑한 소비는 '행복한 노후'를 만든다 |5|

소비를 하면 행복하다는 착각, 경험을 얻었으니 괜찮다는 자기 합리화, 타인에 의한 소비들, 보여주기식 자랑소비… 다양한 유혹과 합리화로 돈을 지출하는데 걸리는 시간은 단 1초. 결제버튼을 누르는 순간 본인인증과 함께 결제되며 나의 자산은 차감된다. 그렇다고 눈 감고, 귀 닫고 살아가면서 무조건 돈을 쓰지 않는 삶을 살라고 하는 것은 아니다. 때로는 돈을 써야 더 많은 돈을 벌 수 있기에 우리는 현명하게 돈을 사용하는 방법을 깨달아야 한다.

적절한 대출은 지렛대가 될 수 있다

대출은 악이 아니다. 잘 사용하면 약이 된다. 월세 지출을 줄이기 위해 전세자금대출을 활용하는 것은 대출을 지렛대로 활용하는 좋은 케이스가 될 수 있다. 특히 요즘은 사회초년생들을 위한 정부지원대출로 낮은 이자비용으로 돈을 빌릴 수 있으니 현명하게 사용한다면 자산축적 속도를 더 빠르게 만들 수 있다.

내 집 마련을 할 때 담보대출을 이용하는 것도 대출이 약이 되는 사례이다. 물론 이때 주의할 점은 소득대비 적절한 주택가격과 적절한 부채비중일 것이다. 소위 영끌로 내 집 마련을 하는 경우에는 대출이 약이 아닌 악으로 작용될 수 있기 때문이다.

신용카드 할부 역시 잘 사용하면 약이 된다. 카드할부가 무서운 이유는 소비의 높은 벽을 허물어주기 때문이다. 노트북이 필요한 A가 있다. A에게 필요한 노트북은 사실 120만 원짜리를 구매해도 전혀 문제가 없다. 하지만 24개월 무이자할부를 해준다는 소식에 A는 200만 원짜리 노트북을 구매하기로 결심한다. 한 달에 10만 원도 안되는 할부금이 큰 부담이 아니라는 결론을 내렸기 때문이다.

 이처럼 카드할부는 부담이 큰 소비에 대한 부담과 장벽을 낮춰주는 역할을 한다. 그로 인해 필요이상의 소비를 유발하는 부작용을 낳는다. 그럼 그 어떠한 물건이든 돈을 모아서 현금으로 구매하는 것이 늘 최선일까? 사진 촬영에 소질이 있는 B가 있다. 주말에 웨딩 사진촬영 알바를 하면 한 달에 100만 원의 추가 소득을 창출할 수 있다. 하지만 그에게는 카메라가 없다. 이런 경우 B는 카메라를 구매하기 위한 비용 300만 원을 모을 때까지 열심히 저축을 하는 것이 정답일까? 이런 경우 카드할부를 이용해서라도 당장 카메라를 구매한 후 추가소득을 창출하는 것이 더 현명한 소비라고 생각한다. 카드할부는 이럴 때 쓰라고 있는 제도이다.

 미래의 소득을 앞당겨 사용하는 것이 늘 잘못된 선택은 아니다. 위 사례처럼 자산을 불릴 수 있는 기회, 고정지출을 줄일 수 있는 기회, 추가소득을 얻을 수 있는 기회가 있다면 미래소득을 가져와 지금 사용하는 것이 오히려 현명한 소비가 될 수 있다.

두 가지 생각만 바꾸면
행복한 노후가 기다린다

04

대한민국이 세계 최고 수준의 노후빈곤율을 기록하는 이유는 과연 무엇일까?

수많은 이유가 있겠으나, 단 두 가지만 꼽으라면 '과도한 자녀 관련 비용'과 '무리한 내 집 마련'이다.

부모는 자녀의 인생을 마치 자신의 인생작처럼 여긴다. 그래서 '실패 없는 성장'을 위해 아이가 넘어지고, 낙오하는 모든 순간을 막아주려 한다. 결국 이 집착은 끝없는 사교육, 과도한 양육비로 이어진다. 사랑이라는 이름 아래 부모는 노후자금이 아니라 자녀의 학원비를 먼저 낸다. 하지만 이 모든 지출은 결국 부모의 노후를 가난하게 만들고, 나아가 그 부담을 자녀에게 가난을 상속하는 결과를 만든다.

내 집 마련도 마찬가지다. '집'은 원래 쉬고 충전하는 공간이지만, 대한민국에서 집은 더 이상 '공간'이 아니다. 집은 곧 신분과 같은 상징이고, 자산 증식의 수단이며, 사회적 비교의 기준점이 되었다.

그래서 집을 사는 것이 아니라 '등급'을 사는 시대가 되었다. 결국 사람들은 자신의 소득 대비 과도한 수준의 대출을 일으켜 아파트를 산다. 그 결과 대출 상환에 쫓기며 지금의 삶도, 미래의 노후도 망가져간다.

자녀를 위해, 집을 위해 쏟아 부은 지출이 결국 자녀와 부모 모두를 빈곤하게 만든다는 이 모순된 현실. 이제는 냉정하게 마주하고, 질문해야 한다.

자녀를 위한 투자가 자녀를 가난하게 만든다 | 1 |

노후빈곤의 첫 번째 원인, 사교육비

자녀의 장밋빛 미래를 위한 아낌없는 지원과 투자는 부메랑이 되어 부모의 미래를 잿빛으로 만들고 있다. 노후를 빈곤하게 만드는 첫 번째 원인인 사교육비 이야기다.

자녀를 잘 키우기 위해 아이가 말을 하기 전부터 '사교육'을 시작한다. 아이가 커갈수록 사교육비도 쑥쑥 커진다. 주변에서도 다 시키니까 우리 아이에게도 시킨다. 자녀 교육비 때문에 노후준비는

○ **연도별 분기 가구소득**

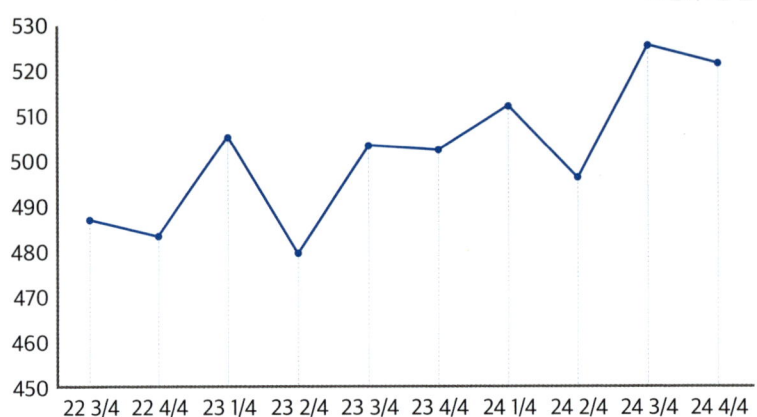

○ **학생 1인당 사교육비**

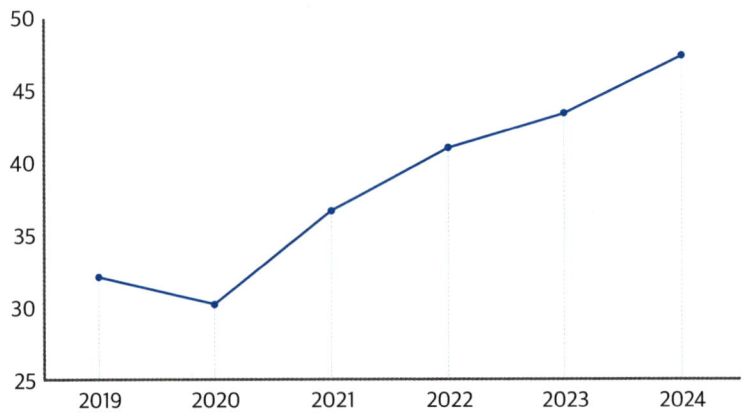

뒷전으로 밀린다. 이 모습은 마치 부모의 헌신처럼 보일 수 있지만 자세히 들여다보면 결국 부모가 자녀에게 '가난'을 상속하는 모습이다. 정말 애들 교육 좀 시켜주었다고 해서 부모가 가난해질 정도일까?

그렇다. 통계자료를 보면 평균 가구소득은 연도별 분기당 약 500만 원 수준이다. 학생 1인당 사교육비는 47만 원이다.

대략 소득의 10%를 사교육비에 지출하고 있다는 의미이다. 그런데 이 정도 비율이 유지가 된다면 부모가 노후를 준비하는데 있어서 큰 방해가 되지는 않는다. 그럼에도 불구하고 필자가 노후빈곤의 원인으로 사교육비를 꼽는 이유는 무엇일까?

그것은 평균의 함정이 있기 때문이다. 사교육비 지출총액을 전체학생으로 나눈 값은 47만 원이지만 전체학생 중 사교육에 참여하는 비율은 80%수준이다. 즉 사교육에 참여하고 있는 학생들의 사교육비 지출은 더 높아진다는 것을 의미한다. 또한 과목당 평균 학원비가 35만 원을 넘는 현실에서, 고등학생이 2~3개의 학원을 다닌다고 가정하면 한 달 사교육비만 100만 원에 달한다.

자녀가 둘이라면?

사교육비는 200만 원이다. 이쯤 되면 가계소득의 40% 이상이 교육비로 사라지고, 남는 돈으로 주택대출 상환, 생활비, 보험료, 각종 고정비까지 감당해야 한다. 미래를 위한 저축과 투자까지는 도저히 손이 가지 않는다. 결국 부모는 노후를 준비하지 못한 채 가난한 은퇴를 맞이하게 된다. 그리고 그 여파는 고스란히 자녀에게 전가된다.

여러분의 상황이 이와 비슷한 상황이라면 결정해야 한다. 돈을 더 벌든가, 교육비를 줄이던가. 마음먹는다고 돈을 더 벌 수 있는 게 아니니, 교육비에 대한 생각을 다시 해보도록 하자.

부모가 안내하는 길이 정답일까?
"엄마 말 들어. 그게 다 너 잘 되라고 하는 말이야."
"아빠가 해봐서 아는데, 그건 절대 안 돼."

이런 말, 자녀에게 한 번쯤 해본 적 있을 것이다. 자녀를 걱정하고 사랑하는 마음에서 나오는 말들이다. 하지만 과연 이 말들이 지금의 아이들에게도 여전히 '정답'일까?

우리의 부모 세대는 우리에게 '좋은 대학 → 좋은 직장 → 안정된 삶'이라고 가르쳤다. 더욱이 IMF를 겪은 세대였기에 공무원, 공기업, 교직원 등 안정적인 직업을 갖는 것이 '성공'이라고 생각했다. 하지만 요즘 세상에서 부자로 사는 사람들에게 위 3가지 조건이 필수 조건은 아니다. 어쩌면 그 반대가 되어 버리기도 했다. 직업 안정성이 높은 교사나 공무원들의 임금상승률은 사기업에 비해 훨씬 낮아졌고, 그로 인해 임금 격차는 더욱 벌어졌다. 돈이 성공의 기준이라고 가정한다면 안정적인 직업을 가진 사람들은 오히려 성공에서 멀어져 버린 세상이다. 차라리 부모가 돈이 많은 덕분에 서울에 아파트를 사서 살고 있다면 부자라고 불리기가 더 쉬운 세상이다.

의사가 될 정도로 학업성적이 뛰어나지 않다면, 차라리 누구보다 빨리 유튜버가 되는 것이 부자가 되는 좋은 방법이었을 것이라 생각이 든다. 하지만 우리 부모 세대는 우리에게 이러한 길을 안내해주지 않았다. 아니 해줄 수 없었다. 이 세상에 유튜브라는 것이 생길 것이라고 상상하지도 못했으니까. 지금 우리가 아이를 가르치는 상황도 별반 다르지 않다. 우리의 부모님이 그랬던 것처럼 '내가 살아온 방식'을 정답인양 자녀에게 강요하고 있다.

Input이 크면 Output도 큰가?

더 비싼 학원을 다니고, 더 많은 학원을 다니면 자녀의 최종 학벌은 비례해서 반드시 상승하는가? 세상이 그렇게 쉬웠다면 얼마나 좋겠냐만 현실은 교육비의 총량과 결과가 비례하지 않는다는 사실을 우리는 잘 알고 있다.

이 세상에서 Input이 크면, 확실하게 Output도 큰 것은 음식과 몸무게 밖에 없다.

우리 아이가 살아갈 세상, 20년 후 미래는 인공지능과 로봇이 이미 세상을 바꾼 세상일 것이다. 하지만 우리는 인공지능과 로봇을 경험하지 못한 세대이다. 나의 작은 세상에서의 경험으로 자녀의 큰 세상을 가두려하지 말자.

나의 자녀는 언제 가난해지는가?

좋은 대학에 가지 못했을 때? 좋은 회사에 취직을 못했을 때?

아니다. 부모가 노후준비를 못해서 자녀가 부모를 부양하기 시작했을 때 자녀의 삶은 가난의 길로 들어선다. 과거 기대수명이 짧을 땐 자녀가 부모를 부양하는 기간 역시 짧았다. 하지만 지금은 100세 시대이고, 출산연령은 늦어진 세상이다.

이 말은 곧 자녀가 본격적으로 소득을 올리기 시작하는 순간부터, 부모의 부양이 시작된다는 뜻이다. 부모를 부양하는 30년 동안, 자녀는 어떠한 재무목표를 달성할 수 있을까? 대부분의 재무목표를 이루기 어려워진다. 부모가 가난한 노후를 맞이하면 자녀도 가난해지는 이유이다. 부모가 자녀에게 가난을 상속했기 때문이다.

자녀가 부자가 되는 가장 확실한 방법은?

부모가 부자가 되는 것이다. 가난이 되물림 되듯이 부도 당연히 되물림 된다.

'왜 우리 부모님은 강남에 아파트 한 채를 안사셨을까?', '왜 삼성전자 주식을 모으지 않았을까?'

그냥 조금 무리해서 서울에 아파트 한 채만 사놓았어도, 조금씩 주식만 모아놨어도 소위 수십억 자산가가 되어 있었을텐데 말이다.

이런 푸념 섞인 상상은 누구나 한 번쯤 해보았을 것이다.

왜냐하면 안타까운 사회적 현실이기는 하지만 개천에서 용이 나오기 어려운 세상이 되었고, 부자는 더 부자가 되기 쉬운 세상이기 때문이다. 더 안타까운 것은 이러한 현상이 앞으로 더욱더 심화가 될 것이라는 점이다. 노력 이상으로 부모의 자산이 곧 나의 부를 결정짓은 시대이다. 자녀를 부자로 키우고 싶다면, 본인부터 부자가 될 생각과 실천을 하자.

자녀를 위한 교육비, 모두의 걸림돌이 될 수 있다

부모의 재정상태를 고려하지 않고, 자녀를 위해서 한도 끝도 없는 희생을 한다는 것은 참으로 숭고한 마음이기는 하나, 미래의 자녀가 소득분위 상위 2% 안에 들어가지 않는다면 자녀는 부모의 부양을 위해 본인의 삶을 포기하는 선택을 해야한다(참고로 소득 상위 2%의 근로소득이 연간 1.5억 원 수준이다).

설령 자녀는 먹고 살만한 수준으로 자리를 잡았더라도, 정작 부모는 병원비 지불할 여력이 안돼서 병원도 함부로 가지 못하는 삶을 살고 있다면 과연 그들의 자녀는 행복한 인생을 살아갈 수 있을까? 그런 삶의 자녀에게 선물해주고 싶은가?

"자녀에게 가장 좋은 선물은 부모가 노후를 스스로 책임지는 것이다." 이 사실을 잊지 말자.

아파트 한 채에 인생을 몰빵해도 될까? |2|

노후 빈곤의 두 번째 원인, 아파트 대출

부부 합산 소득 600만 원, 그런데 아파트 담보대출로 앞으로 30년간 지불해야 할 돈은 매월 240만 원. 대출받아서 아파트를 매수한 부부는 5억 원을 빌렸지만 30년간 총 8.5억 원을 갚아야 한다. 이자만 3.5억 원이라는 이야기다. 이런 상황은 우리 주변에 흔히 있는 사례이기도 하다. 문제는 이렇게 과도한 대출이 단순히 금융적 부담을 넘어서 삶의 거의 모든 것을 집어삼킨다는 데 있다.

궁금해진다. 현실적인 은퇴 시기를 고려하면 안정적으로 직장에 머물 수 있는 시간은 앞으로 20년, 근데 대출상환 기간은 30년이다. 당장 원리금 상환비용 240만 원을 제외한 360만 원을 20년간 한푼도 안쓰고 모아도 8.5억 원을 모을 수 없다. 은퇴를 연장하지 못하면 이 부부는 부채를 해결할 수 있는 방법은 있을까?

그럼 이러한 해결방안을 이야기하곤 한다.
"그쯤되면 집값도 올랐을테니, 집을 팔고 더 좋은 데로 이사 갈 수 있을 거예요."
이 말에는 대단히 위험한 생각이 두 가지가 있다.

첫 번째로 왜 본인이 매수한 아파트는 20년 후에 무조건 가격이 상승할 것으로 확신하는가?

근거라고는 '대한민국의 부동산 불패신화' 이야기뿐이다. 인구구조는 비정상적으로 변화하고 있고 그로 인해 주택수요는 더 이상 늘어날 가능성이 높지 않지만 이곳은 대한민국이기 때문에 아파트 가격은 하락하지 않을 것이란 강한 믿음이 자리잡고 있다. 그나마 강남 등 전통적인 부촌에 내 집 마련을 했다면 어느정도 수긍이 가는 논리이기도 하다. 하지만 여러분의 아파트가 부촌에 있는 것이 아니라는 게 함정이다.

두 번째로 여러분의 소득도 영원히 상승하는가?
근로소득과 사업소득은 은퇴 전까지 무조건 우상향할 수 있을 것이라 생각하지만 정말 그럴 수 있을까? 너무나 많은 변수가 있다. 아이 때문에 외벌이로 전환할 수 있고, 다니던 직장이 사라질 수 있고, 건강상 이유로 노동활동에 제약이 생길 수도 있다. 수많은 리스크가 존재하지만 30년간 매달 240만 원의 부채상환에는 문제가 없을 것이라는 자신감은 사실 근거가 부족한 자신감이다. 만에 하나라도 소득에 문제가 생긴다면 어떻게 대처할 수 있을지에 대한 대안은 당연히 없다.

이렇게까지 목숨 걸고 아파트를 사야하는게 맞나?

대한민국 사람들의 아파트 사랑은 참 유별나다. 이러한 배경에는 '돈'과 '체면'에 대한 집착이 강하기 때문이다. 일단 아파트를 단순히 주거목적의 재화라고만 생각하지 않는다. 언젠가는 부를 증식

시켜줄 재테크 수단의 용도로 더 큰 기대가 있는 자산이다.

외국과는 달리 아파트가 너무 많고, 규격화되어 있어 시세가 비교적 투명하여 거래가 편하다는 장점 때문에 거래수단으로 잘 활용되는 덕분이기도 하다. 그리고 지금까지 부동산 가격이 꾸준히 상승해왔다는 역사적 사실을 바탕으로 미래의 가격에 대한 기대가 크기 때문이기도 하다.

마치 아파트가 나의 신분을 증명하는 것처럼 여기는 현상도 아파트에 대한 집착을 만들어낸다.

한국사회는 타인의 시선을 무척 의식하는 문화다. 아이가 어느 동네에 사는지가 학벌이나 인맥에 영향을 준다고 믿는다. 그래서 스스로 감당할 수 없는 빚을 지면서까지 특정 지역, 특정 아파트에 들어가고 싶어한다.

아파트는 재무목표의 일부일 뿐, 전부가 아니다. 이쯤에서 질문해보자.

- 아파트를 사느라 아이를 포기한다면, 과연 그것이 현명한 선택일까?
- 아파트를 사느라 노후준비를 못해 병원도 못 가는 인생이 과연 잘 사는 삶일까?
- 아파트 하나에 재산을 몰빵했다가 가격이 떨어지면, 여러분은 무엇으로 다시 일어설 수 있을까?

부동산을 보유하는 것은 중요하다. 하지만 그보다 더 중요한 건 균형 있는 재무계획이다. 아파트라는 단 하나의 목표 때문에 그 외의 모든 재무목표를 포기할 수 없다. 모든 걸 포기하고 아파트만 한 채 남은 인생이 결코 행복한 인생이 될 수도 없다.

아파트는 여러분 인생의 전부도, 종착지도 아니다.

1부를 마치고 ······················ **마인드와 습관 없이 재테크는 허상이다**

누구나 말한다.
"이제 노후준비 좀 해야겠어."
그리고 그 첫 질문은 대부분 이렇다.
"요즘 뭐에 투자해야 수익이 잘 나요?"

하지만 필자는 이 질문을 들을 때마다 되묻는다.
"그 전에, 지출은 잘 관리하고 계세요?"
"자기 일을 얼마나 오래할 수 있는지 생각해 보셨나요?"
"노후자금이 얼마 필요한지 계산은 해보셨나요?"

재테크는 순서가 있는 전략이다. 마치 바디프로필을 찍기 위해 다이어트를 시작하는 사람이 식단을 계획하고, 체중을 먼저 감량하고, 그 다음에 근육을 만드는 것처럼 말이다. 노후를 위한 재무설계도 마찬가지다. 몸(마인드와 소비습관)이 만들어지지 않은 상태에서 보디빌딩(재테크 기술)을 시작하면 부상이 나기 십상이다.

우리는 이제 알게 되었다. 노후의 삶을 진짜 위험하는 것은 주식이나 부동산 가격의 하락이 아니다. 왜곡된 은퇴에 대한 환상, 현명하지 못한 소비습관 그리고 계획 없는 삶의 연속이라는 사실을 말이다.

'어떻게 하면 재테크로 수익을 낼까?' 그 질문을 하기 전에 더 중요한 질문이 있다.

- 나는 은퇴 시점을 최대한 늦추기 위해 어떤 노력을 하고 있을까?
- 합리적인 소비습관으로 노후자금의 목표 금액 자체를 낮출 수는 없을까?
- 지출을 줄여 저축여력을 늘렸는가?

이 질문에 '예'라고 답할 수 있는 사람이 그제야 비로소 재테크를 배워야 할 자격이 있는 사람이다.
수입보다 지출을 더 잘 다루고, 불확실한 미래를 위해 확실한 오늘을 준비하며, 재테크의 기술보다 인생의 방향을 먼저 고민할 수 있는 사람.

이제 우리는 마음을 단단히 다졌다. 이제는 기술을 배울 차례다.
'2부 노후준비, 연금 많이 받는 기술의 정석'으로 가보자. 여러분의 노후를 위한 실전 전략이 시작된다.

2부

노후준비, 연금 많이 받는 기술의 정석

언젠가는 반드시 마주하게 될 노후의 삶. 그 삶을 바꾸기 위한 생각의 전환은 이미 이루어졌는가? 그렇다면 이제는 행동할 차례다. 노후자금을 더 효과적으로 마련하기 위한 재테크의 기술들.

지금부터 수익률을 조금씩만 개선해도, 복리의 마법은 여러분의 노후를 완전히 다른 차원으로 바꿔줄 수 있다. 이제, 여러분의 미래를 위한 본격적인 전략을 시작해보자.

> 돈 걱정없는 노후 STEP ①

노후라는 현실과 마주하기
_금전적 경각심

05

노후준비가 어려운 이유는 단순히 돈이 없어서가 아니다. 너무나 멀리 있다는 생각에 막연함을 느끼기 때문이다. 당장 내년 건강검진을 위해서 올해 헬스장에도 가지 않는 게 우리들인데, 20~30년 뒤에나 다가올 노후를 위해 긴장감을 가지고 준비를 시작한다는 것은 사실 꽤나 어려운 일이다.

유치원생에게 수능시험 잘 보려면 지금부터 공부 열심히 해야한다고 백날 이야기해 봤자 먼지만큼의 경각심도 느끼지 못하는 것처럼 말이다. 하지만 여러분이 살아 있는 이상 노후의 삶을 마주할 확률은 100%이다. 그 누구도 예외는 없다. 그리고 은퇴 후 삶은 지금까지 살아온 만큼의 길고 긴 시간이다. 이제 우리는 노후에 대한 막연함을 걷어내야 한다.

은퇴 후 삶을 상상해보자. 상상하기 어렵다면 주변을 한 번 둘러보면 된다. 가까이에 부모님의 삶을 살펴보자. 부러움의 감정을 느끼는가? 아니면 걱정스러운가? 부러움이든, 걱정이든 달라지는 것은 없다. **지금 당장 은퇴 후 삶을 직시하고 시작하자.**

노후에 200만 원으로 살 수 있을까? 지금 계산해보자

|1|

월 200만 원이면 노후에 여유있는 삶이 가능할까?

은퇴하면 지출이 줄어들까 아니면 늘어날까? 많은 사람들이 지출이 줄어들 것이라고 생각한다. 출퇴근을 안하니 교통비가 줄어들고, 아이들 키우는데 들어가던 교육비 지출도 없고, 활동적인 취미활동도 하지 못할테니 돈 들어갈 일은 별로 없을 것이라 생각한다. 그래서 막연히 한 달에 200만 원 정도면 노후에 충분히 행복한 삶을 살 수 있을 것이라 믿는다. 대단히 큰 착각이다.

과연 은퇴 후에 이러한 모습으로 짧게는 20년, 길게는 30년 이상의 세월을 살 수 있을까? 단언컨대 3개월도 버티지 못할 것이다. 왜냐, 60대의 삶은 결코 30대, 40대와 크게 다르지 않기 때문이다. 나이가 들어도 여전히 친구와 만나서 시간을 보내는 것이 즐겁고, 가보지 못했던 곳을 여행하는 낭만을 꿈꾸고, 새로운 신제품이 나오면 사용해보고 싶고, 사고 싶다. 거동이 불편해지기 전까지는 30대와 다르지 않은 나의 '삶'이 계속되는 것이다.

은퇴 후 삶이라고 해서 한순간에 나의 가치관과 욕구가 달라지는 것이 아니라는 것이다. 즉 지금 현재에서 200만 원으로 여유있는 삶을 지속하고 있지 않다면 노후에도 유지하지 못한다는 것을 의미한다.

지금은 200만 원으로 어떤 삶을 살 수 있을까?

○ **200만 원으로 살 수 있는 노후 생활 비용**

지출항목	예상비용
식비 및 생필품	80만 원
통신비	10만 원
교통비/차량유지비	30만 원
여가/취미/문화생활	40만 원
의류	10만 원
보험료	15만 원
관리비	10만 원
합계	**195만 원**

현재 물가수준을 고려했을 때 200만 원으로 살 수 있는 삶의 모

습은 대단히 여유롭다고 할 수는 없다. 왜냐하면 위 항목에서 제외된 것들이 적지 않기 때문이다. 일단 임대료 혹은 부채상환비용을 제외하였고, 병원비와 세금 항목도 제외하였다. 만약 은퇴 후에도 대출이 남아있거나 의료비 지출이 생길 경우에는 200만 원으로 살아가는 삶의 모습이 여유와는 거리가 멀어지게 된다.

그야말로 빠듯한 삶을 살아야 한다. 그리고 많이 간과하는 게 있다. 바로 물가상승률이다. 역사적으로 임금상승률이 물가상승률보다 높지 않았다. 즉 60세 시점에 연금소득으로 200만 원을 세팅해 놓았다면 시간이 지날수록 가난해진다는 것을 의미한다.

노후에 가장 무서운 것은 예상치 못한 비용이 발생하는 것

노후의 삶이 한순간에 무너지는 가장 큰 이유는 예측하지 못한 '예외'로 인해서이다.

노후에는 예기치 못한 비용이 언제 어떻게 발생할지 예상이 어렵다. 갑작스러운 질병과 사고로 인한 의료비, 간병비용, 자녀에 대한 경제적 지원, 주택 수리비용, 물가상승으로 인한 지출 증가 등 언젠가는 발생할 것 같은 지출항목들이지만 언제 발생할지 예상이 안 되는 지출이고, 정확한 규모도 예상이 어렵다. 젊을 때는 이러한 변수가 생기더라도 노동소득을 늘릴 수 있고 대출을 활용해서 대응할 수 있지만 은퇴 후 삶에서는 쉽지 않다.

노후를 지금까지와는 전혀 다른 별개의 삶이라고 생각하지 말아야 한다.

노후는 멈춰있는 시간이 아니라 계속 살아가는 시간이며, 여전히 행복을 추구하는 시기이다. 생존해 있다고 의미가 있는 것이 아니라 행복하게 살아야 하는 시간이다.

"노후에 200만 원이면 충분하지 않을까요?"

이 질문에 대한 나의 대답은 이렇다.

"가능은 하다. 하지만 그것은 '버티는 삶' 일 뿐, '누리는 삶'은 아닐 수 있다"

은퇴 후 삶을 오로지 생존의 지속을 위해 준비할 것인가, 아니면 여유와 행복이 넘치는 시기로 만들 것인가는 여러분이 지금 어떤 선택과 준비를 하느냐에 달려 있다.

지금까지의 노후자금 계산은 전부 틀렸다 |2|

아마존의 밀림이 무서운 이유는 바로 앞에서 무슨 일이 생길지 예상하기 어렵고, 목적지까지 가는 길을 정확히 모르기 때문이다. 얼마나 걸어야 하는지, 이 길이 맞기는 한건지에 대한 확신이 없으니 공포는 더욱 커진다.

노후준비도 마찬가지다. 우리가 노후에 대해서 두려워하고 막연하게 어려움을 느끼는 이유는 나에게 필요한 노후자금이 정확히 얼

노후자금 계산법

- 30대 A씨, 생애평균소득 약 400만 원, 은퇴 후 목표생활비는 월 200만 원.
- 은퇴시기는 65세(물가상승률 2.5% / 은퇴 후 투자수익률 3.5% 가정).
- 국민연금 수령액 106만 원(30년 가입), 퇴직연금 1.2억 원 가정.

나이	33세
은퇴시기	65세
월 생활비	200만 원
물가상승률	전년대비 2.50%
은퇴 후 투자수익률	목표수익 3.50%

▲ 월 생활비의 현재가치는 2025년도 기준이다.

항목	자금
목적자금	15.5억 원
공적연금 대체비중(+퇴직금)	4.9억 원
목적자금 부족자금	10.6억 원
월 필요자금	(8%) 658,155원

▲ '물가조정 실질수익률(K) = 0.98' 적용 시 예상 은퇴준비금은 15.5억 원이다.

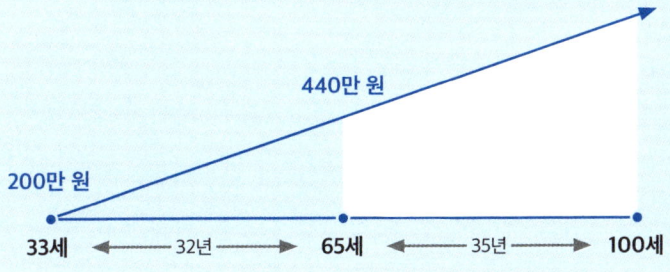

마나 되는지 계산조차 하기가 어렵기 때문이다. 정확한 계산값이 없으니 불안감은 커지고, 잘못된 선택들이 늘어나는 악순환이 시작된다.

노후자금, 제대로 계산해보자

30대의 평범한 직장인 A가 노후에 필요한 생활비로 200만 원을 목표로 했을 때 필요한 노후자금을 계산해보자.

우선 65세 시점에 필요한 생활비는 200만 원이 아니라 440만 원으로 늘어난다. 이는 물가상승률 2.5%를 적용했을 경우이다. 그럼 이 돈을 온전히 모아야 할까? 그건 아니다. 소득활동을 열심히 하면 국민연금 등의 공적연금과 퇴직연금이 자동으로 쌓이기 때문이다. 만약 A가 30년간 평균소득 400만 원을 달성한다면 국민연금에서 받을 수 있는 연금액은 약 106만 원이고, 퇴직연금의 가치는 약 1.2억 원으로 예상할 수 있다.

그럼 A가 65세까지 준비해야 할 노후자금의 규모는 약 10.6억 원으로 계산된다. 이 돈을 모으기 위해서는 매년 8%의 기대수익률을 달성했을 때 매달 65만 원씩 저축과 투자를 하면 된다.

30대 직장인이 부담하기엔 다소 버거운 숫자다. 사회초년생 급여가 약 300만 원 남짓임을 고려했을 때 결혼자금, 주택자금 등을 마련하는 것조차 쉽지 않은 상황에서 노후를 위해 70만 원에 가까운 돈을 저축한다는 것은 그다지 현실적이지 못한 솔루션이다. 결국 이런 계산값을 받아 본 A의 선택은 두 가지 중 한 가지일 것이다. 노후준비를 미루거나, 더 높은 수익률을 얻을 수 있는 위험한 투자를 시작하거나.

하지만 노후준비를 미룰 필요도, 더 위험한 시도를 할 필요도 없다. 왜냐하면 이렇게 계산한 노후자금은 몇 가지 오류가 있는 잘못된 결과이기 때문이다.

노후자금, 오류를 수정해보자

일단 65세 시점부터 100세까지 매달 440만 원이라는 생활비가 필요하다는 가정은 다소 비약적이다. 은퇴 후 급격하게 생활비가 줄어드는 것은 아니지만 75세 시점을 전후로 필요생활비는 점진적으로 하락할 가능성이 높다. 이는 고령화로 인한 활동력 감소로 인한 자연스러운 현상이기도 하다. 다만 의료비용이라는 변수가 어떻게 생활비를 증폭시킬지 모른다는 리스크 요인도 있다는 것을 감안해야 한다.

아무튼 은퇴 후 생활비는 440만 원이 계속 필요한 것이 아니라 나이가 들면서 396만 원, 308만 원, 264만 원으로 줄어든다고 계산을 하는 것이 좀 더 현실적이다. 반면 퇴직연금은 제외시켰다. 그 이유는 퇴직연금 가입자 중 90%는 연금이 아니라 일시금으로 인출하여 주택구매, 창업자금으로 사용해버리는 현실을 고려했다. 반대로 퇴직연금만 잘 굴리면서 노후에 연금으로 사용할 수 있다면 노후자금에 큰 힘이 된다는 의미이기도 하다.

○ **노후자금, 잘된 계산방식**

국민연금 평균소득 400만 원, 30년 납입 가정
65세 은퇴 시 : 6.2억 원 → 月568,000원(32년/6%) 또는 月384,000원(32년/8%)
55세 은퇴 시 : 6.2억 원 → 月1,190,000원(22년/6%) 또는 月931,000원(22년/8%)

440만 원

| 140만 원 | 396만 원 | 308만 원 | 264만 원 | 112만 원 (공적연금) |

55세 65세   75세   85세   100세

은퇴 크레바스 RISK
(이른 정년/연금개정)
159,288,000원

+ 月284만 원
323,128,000원
323,128,000원
165,935,000원
140,240,000원

+ 月196만 원
223,004,000원

+ 月152만 원
253,290,000원

← 생활비 감소폭이 적음 →
(의료기술발달로 건강, 자녀결혼 등)

← 의료비용이 증가 →

주택연금도 포함시키지는 않았다. 최근 가입자가 늘어나고는 있지만 여전히 주택연금을 활용하는 경우가 흔하지 않고 자녀에게 상속을 통해 부를 이전시키려는 수요가 강하기 때문에 노후자금에 편

입시키지는 않았다. 다만 퇴직연금과 마찬가지로 주택연금을 노후자금에 편입시킨다면 노후의 질을 급격히 올라갈 수 있기도 하다. 국민연금의 경우에도 기금고갈 이슈로 인해 연금액이 감소할 가능성이 있지만 부담금 인상, 기준소득 상승을 고려하여 소폭 오른 금액이 연금으로 수령 가능할 것으로 계산해보았다.

이렇게 몇 가지 오류를 반영하여 노후자금을 다시 계산해보면 65세 시점에 필요한 돈은 10억 원이 아니라 6억 원대로 40% 감소한다. 그럼 A가 65세까지 모아야 할 돈은 기대수익률 8%를 가정했을 때 매달 38만 원 수준으로 사회초년시절부터 충분히 감내할 수 있는 예산으로 줄어든다. 30년 뒤 노후에 발생할 수 있는 예측 어려운 변수가 많기는 하지만 수정할 수 있는 오류만 바로잡아도 막막하고 버겁기만 했던 노후준비가 충분히 달성 가능한 미래의 목표로 바뀌는 것이다.

하지만 지나친 낙관은 금물이다. 모든 사람들이 65세까지 일을 하며 돈을 모을 수 있는 것이 아니며, 의료비용이 얼마나 발생할지도 알 수 없는 일이다. 또한 부양가족이 생겼을 때 달라지는 재정여력과 늘어나는 노후 생활비도 노후준비를 굉장히 어렵게 만들 수 있다.

정확한 노후자금 계산하는 방법

현실적인 생활비를 기준으로 삼자

지금 소비하는 생활비의 80~90% 수준을 기준으로 하면 된다. 보통 1인 기준 월 200만 원이면 기본, 여유 있는 은퇴생활은 250만 원 이상이 적절하다. 단, 은퇴 이후 보험료, 교육비, 대출이자 등은 없다고 가정해야 한다.

과도한 기대수익률을 피하자

노후자금은 단기간에 끝나는 투자가 아니다. 예금만으로는 부족하지만, 너무 공격적인 전략은 오히려 자산을 무너뜨린다. 변동성이 적고 꾸준한 수익률을 추구하는 전략이 유리하다.

노후는 '긴 마라톤'이다

수명이 길어졌다는 건, 그만큼 노후자금이 오래 필요하다는 뜻이다. 짧게 모으고, 오래 쓰는 구조는 필연적으로 자금 부족을 초래한다. 그래서 조기 은퇴보다는 은퇴 연기를 선택하는 전략도 함께 고려해야 한다.

노후자금은 한 번 계산하고 끝내는 숫자가 아니라, 지속적으로 수정하고 업데이트해야 하는 살아있는 계획이다(소득변화, 결혼, 자녀, 주택 등 수많은 변수가 계획을 수정하게끔 만든다). 하지만 첫 단추를 잘 끼우는 것이 중요하다. 부풀려진 목표는 여러분을 지치게 만들고, 지나치게 단순한 계산은 여러분을 가난하게 만든다. **정확한 계산은, 노후준비의 시작이자 핵심이다.** 지금, 바로 여러분의 노후자금 플랜을 새로 써야 하는 이유다.

국민연금, 진짜 믿어도 될까? |3|

"내일부터 지금 버는 소득의 1/3로 살아갈 수 있다면 노후준비는 따로 하지 않아도 괜찮다. 국민연금의 소득대체율이 32% 수준이기 때문이다."

대한민국의 국민연금은 소득이 있다면 대한민국 국민 누구나 의무적으로 가입해야 하는 공적연금으로, 정부가 주체적으로 운영하고 있다. 그래서 '안정성이 높다고 할 수 있지만 소득대체율이 낮다'라는 한계를 가지고 있다. 소득대체율의 의미는 현역 시절 평균소득 대비 연금지급액의 비율로서 32%가 주는 의미는 300만 원을 벌던 직장인이 은퇴 후 받게 되는 연금액은 90~100만 원 남짓이라는 의미이다. OECD 평균이 약 50%라는 점을 감안하면, 현실적으로 우리는 국민연금만으로 기본적인 노후의 삶마저 지속하기 어렵다.

가뜩이나 기초생활 수준의 역할 밖에 못하는 국민연금인데 이것마저도 불안하다. 국민연금이 고갈되고 있기 때문이다. 그리고 그 시기는 다음 세대의 문제가 아니라 내가 직면한 문제이다. 실제로 국민연금의 기금 고갈 시점은 현행 보험료(9%)와 소득대체율(40%)을 유지했을 경우 2055년에 완전히 소진될 것으로 예상된다. 이 마저도 현재의 저출산 기조가 더 나빠지지 않는다는 긍정의 가정을 배경으로 했을 경우이다. 그래서 국민연금은 늘 개혁의 대상이자 논란의 대상이다.

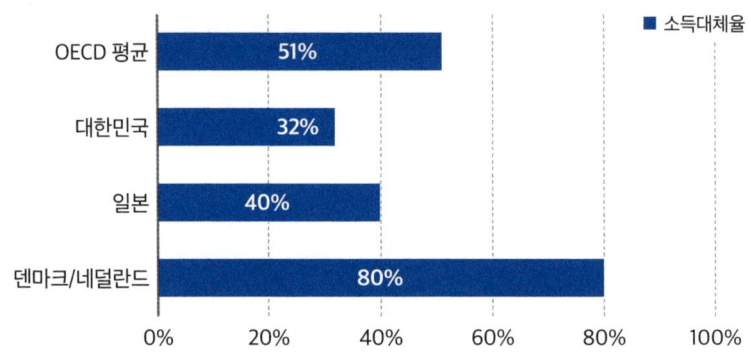

○ 주요 국가의 공적연금 소득대체율 비교

지금까지 국민연금은 단 한번도 젊은 세대에게 유리하게 제도가 바뀐 적이 없다. 그리고 암울하게도 이러한 추세는 앞으로도 달라질 가능성이 거의 없다고 본다. 부담해야할 보험료는 더 오르고, 수령시기는 더 늦춰지고, 수령액은 동일하거나 줄어들 수 있다.

나까지는 괜찮겠지?

설령 기금이 고갈된다고 해도 국가가 책임져 줄 것이라는 믿음도 있다. 개인적으로도 미안한 이야기이지만 결국 미래세대의 부담을 늘려 국민연금을 유지할 가능성도 적지 않다고 생각한다. 하지만 우리가 간과하지 말아야하는 역사적 사실이 있다. 바로 **과거 그리스 사례**이다.

그리스는 2008년 글로벌 금융위기 이후 심각한 재정위기를 겪었고 결국 IMF 등으로부터 구제금융을 받게된다. 그리고 그 조건 중 하나는 공적연금의 연금액 삭감이었다. 실제로 그리스는 2010년부터 약 10년간 12차례에 걸쳐 연금 삭감 조치를 시행했다. 연금 수령액은 평균적으로 40%까지 삭감되기도 했고, 고액 연금자에 대한 감축은 더욱 높았다. 또한 신규 연금 수급자 뿐만 아니라 기존 연금 수급자도 영향을 받았다는 사실에 주목할 필요가 있다. 국민연금의 구조조정은 반드시 필요하며 미래세대의 희생만으로 문제가 말끔히 해결될 수 없다. 결국 기존 수급자도 영향을 받을 수 있다는 위기의식이 필요한 이유이다. "나만 아니면 괜찮아"라는 말을 할 수 없는, 상황에 직면할 수 있다는 것이다.

하지만 이렇게 불안요인이 많고 소득대체율도 높지 않은 국민연금이지만 우리가 대처할 수 있는 방법은 없다. 소득이 있다면 의무이기 때문에 납입을 정지할 수도, 납입액을 줄일 수도 없다.

결국 생각의 전환이 필요하다. **국민연금은 '든든한 노후자금이 아니라, 기초생활을 위한 기본소득'일 뿐이다.** 그래서 반드시 다른 연금과 소득원을 다양하게 준비해야 한다는 것이다.

작동하지 않는 노후장치, 퇴직연금의 이해 |4|

근로자라면 누구나 가지고 있는 연금, 바로 퇴직연금이다. 형태는 다르지만 누구나 보유하고 있고 적지 않은 돈이 쌓여 있지만 퇴직연금을 제대로 이해하지 못한 근로자들이 많다. 복잡한 것 같지만 간단한 퇴직연금에 대해서 먼저 이해해보자.

퇴직연금, 어떻게 구성되어 있을까?

퇴직연금제도는 크게 세 가지로 구성된다.

○ 퇴직연금 제도의 비교

	DB(확정급여형)	DC(확정기여형)	IRP(개인형 퇴직연금)
운용주체	회사	개인	개인
기대수익률	임금상승률에 따라	자산배분에 따라	자산배분에 따라

DB형(확정급여형)

기존 퇴직금제도와 비슷한 구조로 퇴직 시 수령할 금액이 퇴직 전 연봉 수준에 따라 결정되는 퇴직연금이다. 그래서 퇴직연금의 운용주체가 개인이 아니라 회사에 있으며 주로 공기업과 대기업에 적용되고 있다.

DB형은 장기근속이 가능하고 연봉인상률이 물가상승률 이상으로 꾸준히 상승할 수 있는 회사에서 근로자에게 유리할 수 있는 제도이다. 요즘은 흔하지 않은 퇴직연금 형태이기도 한데, 그 이유는 연봉인상률이 높은 회사가 흔하지 않고 20~30년 장기근속도 쉽지 않기 때문이다. 그래서 추세는 DB형에서 DC형으로 퇴직연금을 옮기는 것이 일반적이다.

DC형(확정기여형)

회사가 매년 일정 비율(연봉의 1/12)을 근로자 퇴직연금계좌에 납입해주는 제도로 계좌의 주인인 근로자가 직접 적립금을 운용해야 한다. 근로자는 회사가 입금해주는 퇴직금을 다양한 금융상품을 통해 운용할 수 있다.

IRP(개인형 퇴직연금)

DC형 퇴직연금 또는 퇴직금을 퇴직이나 이직 등으로 인해 수령하게 되는 경우 일반계좌로 돈을 받을 수 없고, IRP 퇴직연금계좌를 별도로 만들어서 퇴직금을 수령해야 한다. 이후 퇴직금을 본인이 직접 다양한 금융상품을 통해 운용하게 되며 운용성과에 따라 수령 가능한 연금 수준이 결정되게 된다. IRP는 개인이 별도로 추가납입이 가능하며, 연금 최대 900만 원까지 세액공제를 받을 수 있는 혜택도 주어진다. 문제는 퇴직연금이 연금으로써 기능을 제대로 발휘하지 않는다는 것이다.

퇴직연금을 잘 운용하면, 노후가 달라진다

일반적으로 권장하는 개인연금의 불입액은 소득의 10% 수준이다. 그 돈을 ETF 등을 활용하여 꾸준히 투자를 했을 경우 상당히 괜찮은 수준의 노후자금을 만들 수 있다. 그런데 퇴직연금에 매년 불입하는 규모가 연소득의 1/12이니 거의 10%에 육박한다는 것을 알 수 있다. 즉 '퇴직연금을 장기간 잘 운용하면 노후에 상당히 큰 자산이 된다'라는 의미이다. 다음은 연봉과 근속기간에 따른 퇴직연금 자산 시뮬레이션이다.

○ 연봉에 따른 퇴직연금 예상 적립액

평균 연봉	근속기간	총 적립액(1/12)	연 5% 수익률로 60세까지 운용 시의 자산
3,000만 원	30년	약 7,500만 원	약 1억 4,600만 원
5,000만 원	30년	약 1억 2,500만 원	약 2억 4,300만 원
7,000만 원	30년	약 1억 7,500만 원	약 3억 4,000만 원

▲ 단순 적립 및 연복리 수익률 5% 가정, 세금 및 수수료 제외

위 표에서 알 수 있듯이 연평균 연봉이 3,000만 원인 근로자가 퇴직연금 운용성과로 연 5%를 달성했을 때 30년 후 만들어지는 퇴직연금 규모는 약 1.4억 원이다. 이 돈으로 연금을 수령하게 될 경우 연간 700만 원 내외의 연금소득을 수령할 수 있다. 즉 퇴직연금 하나만 잘 관리해도 공적연금과 함께 적지 않은 연금소득을 만들어 낼 수 있다는 것이다.

하지만 퇴직연금은 왜 작동하지 않는 노후장치일까?

불행히도 대한민국에서 퇴직연금은 노후에 든든한 버팀목으로 활용되는 경우가 드물다. 크게 세 가지 이유 때문이다.

저조한 운용성과

퇴직연금 중 DC형과 IRP는 근로자가 스스로 운용해야 한다. 하지만 대부분의 가입자들은 이러한 사실조차 제대로 인지하지 못하는 경우가 많다. 펀드나 ETF를 통해서 주식자산에 투자할 수 있다는 사실을 잘 모른 채 원리금보장형 상품(예금, 채권 등)이나 현금에 퇴직금을 방치한다.

그 결과 2023년 기준 퇴직연금 수익률은 평균 2%대이다. 예금이자를 고려했을 때 예금에도 돈을 넣어두지 않고, 현금으로 방치하는 경우도 상당히 많다는 것을 의미하는 수익률이다. 그 결과 물가상승률을 고려하면 퇴직연금의 실질 수익률은 '제로' 혹은 '마이너스'에 가깝다.

퇴직연금계좌는 '바구니'와 같은 개념이다. 이 바구니를 관리하지 않으면 현금을 금고에 담아둔 것과 같다. 아무런 이자가 쌓이지 않는다. 바구니에 담긴 돈을 예금, 채권, 펀드, ETF, ELS, 리츠 등 다양한 금융상품으로 재배치를 시켜야 한다. 은행 거래만 한 사람들은 이런 '바구니' 개념을 잘 이해하지 못하는 경우가 많은데 퇴직연금계좌는 그 안에서 다양한 금융상품을 가입할 수 있는 개념이라는 것을 잘 이해하고 적극적인 관리에 나서야 한다.

○ 퇴직연금계좌의 이해

중간정산

국민연금과 달리 퇴직연금은 중간정산(중도인출)이 가능하다. 이직을 하는 경우에도 퇴직연금을 일시에 수령해서 사용하는 경우가 많고, 주택구입 등의 이유로 중간정산을 통해 퇴직연금에 쌓은 현금을 인출하는 경우도 많다. 그 결과 퇴직연금을 연금으로 수령하는 비율은 고작 10%도 넘지 않는다. 90% 이상은 퇴직연금을 일시불로 수령하고 있는 것이 현실이다.

상여금으로 가려진 진짜 소득

월급은 300만 원인데, 이중에서 성과급이 100만 원이 포함되어 급여로 나오는 경우가 제법 많다. 이런 경우 회사에서 적립해주는 퇴직금은 300만 원의 1/12가 아닌 200만 원의 1/12이다. 근로자는 연간 3,600만 원을 번다고 생각하고 퇴직금도 비례해서 쌓인다고 생각하겠지만 현실은 연봉 2,400만 원과 동일한 수준의 퇴직연금이 쌓이는 것이다. 이는 기업이 임금 부담을 줄이기 위한 꼼수로 많이 활용하는 방법인데 근로자 입장에서는 억울할 수 있지만 개선할 수 있는 방법은 마땅치 않다.

퇴직연금은 '연금'이다

퇴직연금은 노후를 위한 '준비금'이지 내 집 마련을 위한 자금도 아니고, 자동차 구매를 위한 자금도 아니다. 취미생활을 위한 장비를 구매하기 위한 자금도 더더욱 아니다.

퇴직연금의 본래의 기능은 목돈을 모아서 사용하기 위함이 아니라 노후에 연금으로 수령하기 위해서 적립되고 있는 돈임을 잊지 말자. 이 돈만 잘 지켜도 여러분의 노후는 훨씬 윤택한 삶을 영위할 수 있을 것이다.

3층 연금 구조, 이미 무너지고 있다 |5|

연금은 크게 3층 구조로 설계한다. 1층은 국민연금 등의 공적연금이다. 문제는 앞서 이야기했듯이 불안요인이 크고, 앞으로 더 많은 연금을 받게 되리란 기대를 하기 어렵다는 것이다. 현재 국민연금공단에서 예시하고 있는 노령연금의 예상지급액을 본다면 앞으로 여유로운 은퇴 생활을 위해 부족한 연금소득이 얼마나 되는지를 가

늘할 수 있다.

○ 3층 연금 구조

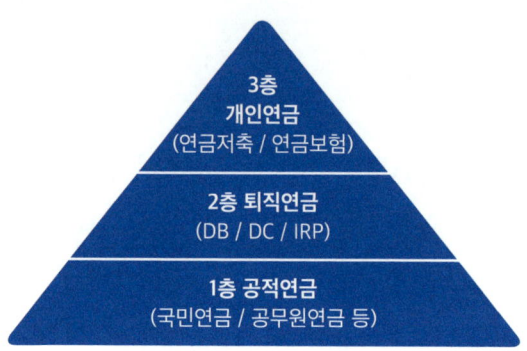

○ 평균소득별 노령연금 예상금액

월 평균소득	노령연금 예상금액
250만 원	84만 원
300만 원	91만 원
350만 원	99만 원
400만 원	106만 원
450만 원	114만 원
500만 원	121만 원

무려 30년 간 평균소득이 400만 원일 때 국민연금으로부터 발생하는 노령연금은 약 106만 원 수준이다. 소득대체율로 환산하면 약 26% 수준에 불과하다. 향후 30년 간 물가상승률까지 함께 고려하게 되면 국민연금에서 나오는 연금으로 생활하는 노후의 삶은 기본

적인 삶을 유지하는 것조차 어려울지 모른다. 더 가혹한 현실은 공적연금에 30년 간 불입하는 것이 결코 쉬운 일이 아니라는 것이다.

사학연금과 공무원연금도 상황이 많이 바뀌었다. 이미 은퇴한 세대들은 연금소득만으로 풍요로운 노후생활을 보내고 있지만 지금 현직에 있는 사람들은 그런 삶을 기대하기 어렵다. 이미 수차례 개정이 되면서 소득대체율이 급격히 하락했기 때문이다.

2층은 직장에서 마련해주는 퇴직연금이다. 과거에는 퇴직 후에 일시에 큰돈을 받을 수 있는 퇴직금 제도가 적용되었지만 지금은 퇴직연금제도가 자리잡았다. 그 배경에 대해서 알아보면 퇴직금을 일시에 수령하면서 소득연장을 위해 선택한 창업과 투자가 실패로 끝나면서 노후빈곤에 빠지는 부작용이 늘어나자 퇴직연금제도가 의무화된 것이다.

퇴직연금은 근로자 기준으로 매년 연소득의 1/12만큼 쌓인다. 매년 한 달 치 급여가 적립이 되는 셈이니 결코 적은 돈은 아니다. 하지만 앞장에서 이야기했듯이 퇴직연금을 연금으로 수령하는 경우는 극히 드물다. 1층 연금을 보완하기 위해서 2층 연금이 필요한 구조인데, 우리는 이미 1층과 2층 연금이 상당히 부실한 상태이다. 결과적으로 3층 개인연금을 통해 부실한 전 층의 연금 구조를 든든하게 만들어야 하는 기형적인 구조를 가지고 있다.

돈 걱정없는 노후 STEP ②
이미 갖고 있는 연금부터 잘 키우자
_연금 보수공사

06 ———————————————————

노후준비라고 하면, 사람들은 흔히 '새로운 투자'를 떠올린다. 미국 주식에 투자해야 하나? 비트코인에 투자해야 하나? 서울에 아파트를 살까? 등잔 밑을 먼저 살펴보자. 여러분은 이미 꽤 괜찮은 노후 준비 도구를 가지고 있다. 국민연금, 퇴직연금, 주택연금… 우리가 지금까지 살아오면서 자연스럽게 쌓아온 노후자금들이다. 문제는 이러한 자산들이 '잠자고 있다는 것'이다.

국민연금, 더 많이 받을 수 있는 방법이 있다. 퇴직연금, 수익률을 더 높일 수 있다. 주택연금, 잘 활용하면 주거안정과 경제적 안정을 동시에 확보할 수 있다. 노후를 위해 개인연금을 가입하고, 다양한 재테크를 하는 것 역시 중요하다. 하지만 그보다 먼저해야 할 것은 이미 갖고 있는 연금자산부터 제대로 점검하고 활용방안을 모색하는 것이다.

- 국민연금은 지금까지 얼마를 납입했고, 얼마를 받을 수 있는가?
- 주부라면 국민연금 임의가입으로 어떤 차이를 만들 수 있는가?
- 퇴직연금은 어디서 운용되고 있고, 수익률은 얼마나 되는가?
- 주택이 있다면, 주택연금은 언제 어떻게 활용할 수 있을까?

이미 가진 것을 더 잘 활용할 수 있는 방법을 찾는 것이 훨씬 더 중요하다. 이번에는 지금 여러분이 보유하고 있는 연금을 가장 든든한 첫 번째 연금소득으로 만드는 방법을 하나하나 짚어보려 한다. 생각보다 복잡하지 않고, 생각보다 쉽게 실천할 수 있다. 그리고 그 효과는 생각보다 크다.

전업주부에게 국민연금·개인연금 중 유리한 선택은? |1|

전업주부나 소득규모가 크지 않은 프리랜서의 경우 노후준비를 시작하고자 할 때 두 가지 선택지가 놓여있다. 국민연금에 임의가입 제도를 활용해서 불입을 이어갈 것인지, 아니면 개인연금이나 다른 재테크를 통해 노후자금을 마련할지에 대해서 말이다.

국민연금 임의가입 제도란?

직장인이라면 사업장가입자 자격으로 국민연금에 납부를 하고, 사업자나 프리랜서의 경우에는 지역가입자 형태로 국민연금에 가입하게 된다. 그런데 전업주부처럼 정기적인 소득이 없는 사람들을 위해 국민연금을 지속적으로 납입하게 함으로서 노후준비를 할 수 있도록 만든 제도가 바로 임의가입 제도이다.

○ 국민연금 임의가입 제도

▲ 출처 : 유튜브 〈빽담화TV〉

만 18~60세 미만의 대한민국 국민이라면 누구나 가입할 수 있고, 다양한 방법으로 간편하게 신청 및 가입이 가능하다. 또한 내 마음대로 가입한 국민연금이기 때문에 경제적 변수가 생겼을 때, 언제든지 내 마음대로 다시 해지도 가능하니 장기유지에 대한 압박감도 크지 않다는 특징을 가지고 있다.

국민연금에 가입할까? 개인연금을 준비할까?

이런 고민을 할 수 있는 경우는 전업주부나 소득규모가 크지 않은 프리랜서의 경우에 한한다. 그래서 외벌이 가정의 노후준비 과정에서 가장 흔하게 발생하는 고민이기도 하다. 이 고민을 해결하기 위해서는 우선적으로 국민연금과 개인연금의 장단점을 명확하게 파악해볼 필요가 있다.

국민연금

적은 금액으로 국민연금에 납부했을 때 수령할 수 있는 연금액을 계산해보면 수익률이 상당히 높은 편이다(예 : 8만 원씩 30년 납부 시 58만 원 수령 가능). 또한 연금 개시 이후 물가상승률 일부를 적용받아 연금액이 조금씩 늘어난다는 점은 개인연금이 가질 수 없는 큰 장점이기도 하다.

반대로 많은 금액을 납부하는 경우 수령받는 연금액을 수익률로 환산했을 때 기대만큼 높지 않다(예 : 50만 원씩 30년 납부 시 120만 원 수령 가능). 8만 원을 납부하면 7배에 달하는 연금액을 받을 수 있지만 50만 원을 납부하면 2배가 조금 넘는 수준에 머문다.

또한 국민연금에 납부한 돈을 일시에 찾거나 중도에 인출하는 것이 거의 불가능하기 때문에 노후자금의 활용도가 다소 떨어진다는 점도 아쉬운 부분이다(예외 사항 발생 시 일시금 수령 가능). 향후 연금 개정으로 인해 연금수령액과 수령시기가 변동될 수 있다는 점도 부담스러운 부분이다.

근로소득자의 경우에는 회사에서 국민연금 납부금의 50%를 지원해주기 때문에 실질수익률은 상당히 높은 편이다. 하지만 임의가입 및 지역가입자의 경우에는 본인이 100% 부담해서 납부하기 때문에 실질수익률은 근로자 대비 절반에 머문다.

개인연금

일시금, 중도인출 등 자금 활용도가 더 높고 유동성이 풍부하다. 또한 펀드나 ETF를 활용하여 적립금을 공격적으로 운용 시 높은 수익을 기대할 수도 있다.

단점으로 연금에 일정규모 이상으로 목돈이 쌓이는 경우 이 돈을 인출하여 다른 재무목표를 위해 지출될 가능성이 높다. 대표적으로는 주택구매나 사업확장 등을 이유로 개인연금을 해지하는 경우가 적지 않다. 즉 가입자가 마음만 먹으면 언제든지 미래의 연금소득이 '제로'가 될 수 있는 리스크에 노출된다는 것이다. 펀드나 ETF로 적립금을 운용했을 때 운용성과를 장담할 수 없다는 것도 단점이 될 수 있겠다.

전업주부의 노후준비, 국민연금? 개인연금?

경제적 여유가 뒷받침된다면 당연히 국민연금 임의가입과 개인연금을 모두 준비하는 방법이 가장 좋은 방법이 될 것이다. 하지만 이런 경우라면 애초에 이런 고민도 하지 않을테니, 한 가지만 선택해야 한다면 어떤 선택이 노후준비를 위한 최선의 선택인지 알아보도록 하자.

매달 1~20만 원으로 가용자금 규모가 크지 않다면?

국민연금 임의가입을 통해 노후를 대비하는 것이 더 좋다고 본다. 앞서 임의가입제도의 장단점을 비교했을 때 예시금액을 보면 알 수 있듯이 국민연금은 공적연금으로서 복지개념이 반영되어 있다. 불입액이 적을 수록 적용되는 수익률이 훨씬 높다. 그래서 전업주부가 소액으로 노후준비를 시작해야 하는 경우에는 개인연금보다는 국민연금을 먼저 활용하는 것이 더 유리하다고 할 수 있겠다.

매달 3~50만 원으로 가용자금 규모가 큰 편이라면?

개인연금을 활용하여 노후준비를 시작하는 것이 더 나은 선택이라고 본다. 30~40만 원의 경우 투자기간도 충분히 확보할 수 있기 때문에 이 정도 예산으로도 굉장히 큰 노후자금을 만들어 낼 수 있기 때문이다. 물론 예·적금이 아닌 펀드나 ETF 등을 활용한 투자를 통해 적립금을 운용한다고 가정했을 경우에 한한다.

만약 매달 50만 원씩 연간수익률 9%(S&P500의 지난 30년간 연평균수익률 수준)의 투자성과를 달성할 수 있다면? 약 5억 원가량의 노후자금을 만들 수 있다. 그리고 이 돈으로 65세부터 100세까지 연금으로 수령할 경우 매달 190만 원가량을 수령할 수 있다. 국민연금 임의가입에 불입했을 때보다 훨씬 많은 연금을 확보할 수 있는 것이다(동일한 예산으로 임의가입에 가입했을 때 예상 연금액은 85만 원에 머문다).

월불입 가능금액에 따라 선택하면 된다

전업주부나 소득규모가 크지 않은 프리랜서의 경우, 노후준비의 첫걸음에서부터 '어떤 방식으로 연금을 마련할 것인가'에 대한 선택은 단순한 취향의 문제가 아니라, 장기간에 걸쳐 누적되는 효과와 관련된 경제적 상황을 고려한 판단이어야 한다.

즉, 매달 1~20만 원처럼 한정된 자금만 활용할 수 있는 상황에서는, 국민연금 임의가입이 가지는 낮은 불입액에 따른 높은 실질수익률과 물가연동 기능을 장기적으로 볼 때 노후의 기초소득을 보다 확실하게 만들어 준다. 국민연금은 공적연금이라는 특성상 정부의 지원과 안정성을 바탕으로 하며, 경제적 불확실성 속에서도 일정 수준의 연금소득을 보장받을 수 있는 점이 강점이다.

만약 매달 3~50만 원 이상의 여유자금이 있다면, 개인연금 계좌에 자금을 투자하는 방식이 임의가입보다 유리할 수 있다. 펀드나 ETF 등 다양한 투자상품을 통해 자산을 공격적으로 운용하면, 장기간에 걸쳐 훨씬 큰 노후자산을 축적할 가능성이 있다. 실제로 동일한 불입금액으로 국민연금 임의가입에 가입했을 때 예상되는 연금액보다, 개인연금의 경우 향후 예상 수령액이 배로 넘어서, 은퇴 후에도 보다 풍요로운 생활을 지원할 수 있다. 단, 이 경우에는 운용성과가 불확실하고, 가입자가 중도에 자금을 인출할 위험 등 리스크 관리에 더욱 신경 써야 한다.

결국, 전업주부나 소득규모가 크지 않은 프리랜서의 입장에서 어느 쪽을 선택할지는 자신이 매달 감당할 수 있는 불입금액과 장기적인 자산증식 목표에 따라 결정되어야 한다. 만약 초기 자금이 적고, 안정적인 노후 생활을 위해 정부의 복지 시스템에 의존하고자 한다면 국민연금 임의가입이 현실적인 선택이 될 것이다. 반면, 보다 공격적인 투자전략으로 자산을 불릴 수 있는 여력이 있다면 개인연금이나 그 외 재테크 수단을 활용하는 것이 장기적으로 노후의 버팀목 역할을 충실히 할 수 있을 것이다.

따라서, '월불입 가능금액에 따라 선택하면 된다'는 원칙 하에, 자신의 재정 상황과 미래 목표를 면밀히 검토한 후 올바른 연금 준비 전략을 수립하는 것이 최종적인 결론이다. 두 체계 모두 각자의 장단점이 있으므로, 자신에게 맞는 최적의 조합을 찾아내는 것이 중요하며, 한 가지만 택하기 어렵다면 가능한 범위 내에서 두 가지 방법을 혼합해 활용하는 방법도 고려할 만하다.

잠들어 있는 퇴직연금을 깨우는 방법
(실물이전, 디폴트 옵션) |2|

퇴직연금을 깨우는 3가지 방법

우리에게는 잠자는 돈이 있다. **바로 퇴직연금이다.** 소득이 있으면 누구나 보유하고 있지만 대부분의 가입자들이 관리소홀로 방치되어 있다. 국민연금은 가입자가 운용성과 개선에 기여할 수 있는 방법도 없고, 연봉이 늘어나지 않는 이상 연금액을 임의대로 높이는 것도 불가능에 가깝다. 하지만 퇴직연금은 다르다. 가입자가 신경써서 관리만 한다면 노후에 든든한 효자가 될 수 있는 연금이 바로 퇴직연금이다. 잠자는 퇴직연금을 깨우는 방법은 크게 세 가지로 요약된다.

디폴트 옵션을 설정하자

디폴트 옵션(사전지정 운영 제도)은 퇴직연금 가입자 중 DC형 가입자와 IRP 가입자에 한해 적용되며, 가입자가 연금 적립금에 대한 운용 지시가 없을 경우 사전에 지정해놓은 방법(상품)으로 퇴직연금 적립금을 운용하는 제도를 의미한다(DB형은 가입불가). 쉽게 말해 퇴직연금에 자율주행 옵션이 생겼다고 이해하면 쉽다.

예를 들어 A가입자가 디폴트 옵션으로 '안정형'을 선택해 놨다면 별도의 운용지시가 없을 경우 '안정형'에 맞는 자산배분과 금융상품으로 퇴직연금의 적립금을 금융사에서 알아서 운용해주는 것이다. 디폴트 옵션은 상품 만기 이후 4주 동안 운용지시가 없을 경우 금융회사에서 가입자에게 통보가 가며, 그 이후로도 2주간 운용 지시가 없으면 사전에 정한 옵션으로 운용이 실행된다.

디폴트 옵션은 크게 4가지 유형이 있다.

안정형, 안정투자형, 중립투자형, 적극투자형 포트폴리오로 구분된다.

원금을 지킬 수 있는 유형부터 주식비중을 높여 연금의 수익률을 높일 수 있는 적극투자형까지 다양하다. 절대적으로 원금을 사수해야 하는 투자성향을 가지고 있다면 안정형 포트폴리오를 선택하자. 하지만 은퇴까지는 아직 오랜시간이 남았고, 투자성향도 공격적이라면 장기투자를 통해 복리효과를 극대화할 수 있도록 디폴트 옵션을 적극투자형으로 설정해놓도록 하자.

디폴트 옵션이 퀀트투자나 AI투자처럼 완전히 자동으로 적립금을 운용해주는 개념은 아니기 때문에 디폴트 옵션만 믿고 퇴직연금 관리를 등한시해서는 좋은 성과가 나올 수 없음을 알고 있어야 한다.

디폴트 옵션 도입 배경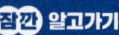

디폴트 옵션이 도입되게 된 배경은 이미 선진국에서 수익률 개선이라는 효과를 보았고, 퇴직연금의 적극적인 운용을 통해 연금 수익률을 제고하고 안정적인 노후소득 장치의 역할을 할 수 있도록 도입되었다.

그동안 퇴직연금 수익률이 예금 이자율보다도 낮은 수준을 유지하는 배경에는 적립금이 현금으로 방치되는 것이 주요 원인이다. 퇴직연금계좌에서 선택한 상품의 만기가 도래하면 즉시 다른 상품으로 갈아타서 운용의 공백이 발생하지 않도록 해야하지만, 업무에 바쁜 직장인들이 매번 꼼꼼하게 퇴직연금의 적립금 운용을 챙기는 것이 쉽지 않았기 때문이다. 이런 문제점은 금융선진국인 미국 역시 겪었던 일이다. 하지만 디폴트 옵션을 도입한 후로 퇴직연금 내 투자자산의 비중이 늘어나면서 수익률 개선이라는 효과를 얻었다.

증권사로 실물이전하고 포트폴리오를 다변화하자

퇴직연금 대부분이 은행과 보험사에 몰리게 되면서 발생하는 문제가 있다. 적립금 대부분을 원리금보장이 가능한 예금이나 단기채권으로 세팅해 놓다보니 운용성과가 부진하게 되는 것이다. 기준금리가 높을 때는 예금 금리도 높아서 퇴직연금의 성과도 함께 상승하지만 요즘처럼 금리가 낮은 상황에서는 원리금보장상품 위주의 세팅이 노후준비를 가로막는 원인으로 작용한다. 이러한 문제점을 해결하기 위해서는 예금 위주로 치우쳐진 퇴직연금 포트폴리오를 ETF를 활용하여 다변화할 필요가 있다.

그렇다면 은행에 있는 퇴직연금계좌는 ETF 투자가 불가능한가? 그렇지는 않다. 은행에서도 펀드는 물론 ETF를 활용하여 퇴직연금 관리가 가능하다. 하지만 선택지가 상대적으로 좁다는 것이 문제이다. 시중에서는 900여 가지의 ETF가 상장되어 있고 한 달에도 몇 개씩 신규 종목이 상장된다. 그러나 은행이나 보험사에서 퇴직연금을 관리하는 경우 선택할 수 있는 ETF는 한정적이다. 오늘 새롭게 상장한 종목에 투자하고 싶어도 불가능하다.

○ **퇴직연금 실물이전 제도 표현**

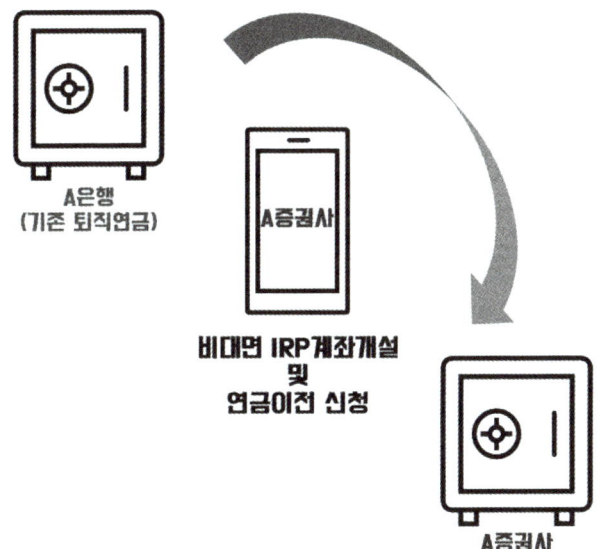

▲ 출처 : 유튜브 〈빽담화TV〉

다행히도 퇴직연금계좌는 다른 금융회사로 이전을 할 수 있는 제도가 마련되어 있다. 은행에서 증권사로, 증권사에서 보험사로,

보험사에서 은행으로 언제든지 원하는 금융회사로 나의 퇴직연금을 옮길 수 있다. 물론 연금을 이전하는 과정에서 세금적인 패널티가 부과된다거나 수수료가 부과되는 등의 불이익이 발생하는 것도 없다.

최근에는 실물이전도 가능해졌다. 실물이전이라는 것은 예금, 펀드, ETF 등으로 구성된 퇴직연금을 현금화하지 않고도 타금융회사로 옮길 수 있는 제도이다. 기존에는 만기가 남은 예금이 있는 상황에서는 예금을 해지하거나 혹은 만기 후 현금화하여 타사로 이전할 수 있었지만 지금은 기존 퇴직연금계좌 내에서 만기가 도래하지 않은 금융상품이 있다고 해도 타사로 이전이 가능하다.

이제는 적극적인 투자로 퇴직금을 키우자

디폴트 옵션을 정하고, 증권사로 실물이전을 완료했다면 준비는 끝났다. 이제는 예금, 채권 위주의 보수적인 운용에서 벗어나 ETF라는 금융상품을 적극 활용하여 퇴직연금의 기대수익률을 높이는 일만 남았다. ETF에 대한 정의와 활용방법 등에 대해서는 뒷장에서 좀 더 상세히 다루도록 하겠다.

우선 기대수익률 변화에 따른 퇴직연금의 변화를 보자. 30세 직장인이 60세까지 퇴직연금을 굴렸을 때 수익률 변화에 따른 미래의 변화가 어떻게 되는지 살펴보자.

○ 기대수익률에 따른 퇴직연금 예상액 변화1

연간 적립액	기대수익률	적립금
300만 원	3%	1.42억 원
	5%	1.99억 원
	8%	3.39억 원

○ 기대수익률에 따른 퇴직연금 예상액 변화2

연간 적립액	기대수익률	적립금
500만 원	3%	2.37억 원
	5%	3.32억 원
	8%	5.66억 원

기대수익률이 겨우 2~3% 차이가 날 때 30년 후 퇴직연금으로 마련할 수 있는 노후자금의 규모는 수천만 원에서 억단위 규모로 차이가 발생한다. **누군가에게는 무시할 수 있을 정도로 작은 수익률 차이지만, 30년간 복리가 적용된 결과는 결코 무시할 수 없는 차이를 만들어 낸다.**

그리고 퇴직연금만 잘 관리해도 은퇴 후 삶의 질은 대폭 개선된다. 퇴직연금의 성과가 S&P500 지수 정도의 성과만 달성하더라도, 중간에 주택구매나 불필요한 소비로부터 퇴직연금을 잘 지켜내기만 하더라도 여러분이 노후에 만들 수 있는 노후자금은 3억 원에서 5억 원 혹은 그 이상의 돈이 추가된다. 5억 원이라는 돈을 만들기가 얼마나 어려운지를 생각해본다면 이미 가지고 있지만 잠자고 있는 퇴직연금을 깨우는 것만으로도 얼마나 큰돈을 확보할 수 있는지를 알 수 있다.

집으로 연금을 받는 마지막 카드, 주택연금의 이해와 활용 |3|

부동산에 묶인 내 노후자금

은퇴 이후 자산은 있지만 정작 쓸 돈이 없는 사례는 대한민국에서 흔히 보게 되는 사례다.

이들은 마치 달팽이와 같다. 큰 집을 가지고 있어 멀리서 바라보면 남부럽지 않은 부자처럼 보이지만 정작 이들의 삶은 집에서만 생활이 가능하다. 멀리 떠나고 싶어도 갈 수 없다. 자산은 있지만 당장 쓸 수 있는 현금은 없기 때문이다.

많은 사람들이 아파트 한 채 잘 사면 노후준비가 끝날 것이라는 기대를 가지고 있다. 그래서 영혼까지 끌어 모아 아파트를 구매한다. 하지만 정말 그럴까? 서울 강남에 40억 원짜리 아파트가 있어도, 통장에 100만 원이 없다면 그 삶이 풍요롭다고 할 수 있을까? 아파트 가치가 40억 원인데 보유한 금융자산이 거의 없다는 것이 비현실적인 비유라고 생각할 수 있지만 이것은 현실이다. 아파트를 현금으로 사지 않고 부채의 힘을 활용하기 때문에 아파트가 온전히 내 집이 되는 시점엔 현금이 없다. 돈을 다 갚고 이제는 현금을 모을 수 있을거란 기대가 있지만 그때는 직장에서 은퇴를 앞두고 있거나 이미 은퇴한 이후이다. 즉 노동소득이 없으니 현금을 모을 수 없다. 그래서 자산가치는 높지만 은퇴 후 삶의 가치는 낮은 노부부의 사례는 굉장히 흔하다.

40억 원 아파트를 팔고 다른 곳으로 이사하면 되는 거 아니냐고?

이성적으로 생각하면 40억 원짜리 아파트 팔아서 10억 원짜리로 이사를 한 후 남는 30억 원으로 남은 여생을 평생 여유롭게 보내는 것이 합리적인 판단이라고 할 수 있다. 하지만 대한민국에서 아파트는 곧 명함이자 계급을 상징한다. 강남에 평생을 살아온 사람이 노후에 돈이 부족하다고 해서 다른 지역으로 이사를 하는 것은 생각처럼 쉬운 일이 아니다. 굉장히 비합리적인 판단이지만 그럼에도 불구하고 사람은 자존감이 무너지는 결정을 쉽게 하지 못한다.

그리고 여러분이라면 강남의 아파트를 팔고 싶을까? 여러분이 자녀의 입장이라도 부모가 강남의 아파트를 처분하기를 바랄까? 차라리 용돈을 드려서라도 아파트를 처분하지 않도록 말릴 것이다. 가만히 냅둬도 계속 가치가 오를 것 같은 자산이라는 생각, 아파트를 부의 증식도구로 생각하기 때문에 쉬운 결정이 아니다.

부동산은 대표적인 '비유동자산'이다. 주식처럼 일부를 팔아서 필요한 만큼만 현금화할 수도 없고, 파킹통장처럼 언제든지 인출할 수도 없다. 심지어 아파트를 팔고 싶어도 내가 원하는 시점에 팔리지 않는 경우가 대부분이다. 즉, '집은 있는데 쓸 돈이 없다'는 상황이 현실에서 빈번히 발생하고 있고, 이로 인해 고령자 빈곤층 중 적지 않은 사람들이 '고가의 집에 사는 가난한 노인'인 것이다.

주택을 팔지 않고 연금을 받을 수 있다, 주택연금이란?

이러한 문제를 해결하기 위해 마련된 제도가 바로 '주택연금'이다. 보유한 주택을 담보로 매달 일정 금액을 연금처럼 수령할 수 있는 제도로 집을 팔지 않아도 되고, 평생 거주가 보장된다는 점에서 노후에 최후의 보루로 선택할 수 있는 선택지이다.

주택연금 개요  잠깐 알고가기

주택연금의 가입조건 (2024년 기준)
- 대한민국 국민
- 만 55세 이상
- 부부 기준 공시가격 합산 12억 원 이하의 주택 소유자(시가 약 14억~15억 원 수준)
- 1주택자(또는 일정기간 내 처분 예정인 2주택자 가능)

얼마나 받을 수 있나? (예시)
- 만 70세, 공시가격 6억 원 주택 소유자 기준
  → 약 **월 120만 원** 수령 가능

- 만 60세, 동일 조건
  → 약 월 **70만 원** 수령 가능(연령이 높을수록 수령액은 많아짐)

주택연금의 장점 요약
- 평생 거주 가능 : 집에서 쫓겨날 걱정 없음
- 수령액은 평생 지급 : 사망 전까지 꾸준히 지급
- 남은 주택가치는 상속 가능 : 수령액이 집값보다 적으면, 차액은 상속 가능
- 부부 중 한 명이 사망해도 유지 : 배우자에게 자동 승계

주택연금의 최대 장점은 가입 후 **주택의 가치가 변하더라도 연금액이 변하지 않는다는 것**이다. 오래 살아서 주택가치 이상으로 연금을 수령했다고 해도 살아있는 한 연금은 멈추지 않고 지급된다. 또한 주택가격이 하락해도 가입시점에 받는 연금을 계속 받을 수 있다. 반대로 주택가격이 오르게 되면 다소 억울할 수 있지만 추후 상속시점에 주택가격과 연금수령액 간의 차액을 자녀가 상속받을 수 있으니 손해라고는 할 수는 없겠다. 그리고 절차는 다소 복잡하지만 주택연금 해지 후 재가입을 통해 주택가격 상승분을 적용하여 연금을 받을 수 있는 방법도 있기는 하다.

가입률이 낮은 이유는?

노후에 굉장히 유용한 제도임에도 불구하고 주택연금 가입률은

아직 높지 않다. 그 이유는 '집은 자식에게 물려줘야 한다'는 문화적 고정관념 때문이다. 물론 노후준비가 충분하다면 주택연금은 0순위 선택지는 아니다. 하지만 20년, 30년 후에 자녀에게 주택을 물려주는 것이 과연 부의 되물림으로써 의미가 있을 수 있는지는 생각을 해볼 필요가 있다. 길게는 30년 이상 자녀에게 전가되는 부모의 부양비용과 30년 후에도 과연 보유한 주택이 가치를 유지할 수 있을지에 대한 이성적인 생각이 필요하다.

인생을 오로지 돈을 기준으로 생각한다면 주택연금의 가치는 떨어진다. 하지만 주택연금 덕분에 은퇴 후 경제적 여유에서 찾아오는 행복은 자녀에게도 상속된다. 경제적으로도 노후에 돈 걱정 없는 부모를 둔 자녀는 한결 편한 마음으로 부담없이 본인의 자산증식에 집중할 수 있다.

주택연금 120% 활용하는 방법

은퇴를 한 A부부는 매달 국민연금에서 90만 원과 70만 원, 개인연금에서 50만 원을 받고 있다. 하지만 210만 원의 연금소득으로는 여유로운 은퇴 생활이 불가능했다. 아직 조금 남은 대출금 이자, 보험료, 관리비 등을 차감하면 기본적인 생활마저 위협받았다. 결국 알바를 통해 돈을 더 벌어야만 했다. 하지만 A부부는 시가 11억 원 상당의 아파트를 보유하고 있었다.

이런 상황에 1순위로 추천하는 노후 솔루션은 '주택 이전 + 연금

자산 확보'이다.

5억 원짜리 주택으로 옮긴 뒤 주택연금 가입, 부채청산 후 남는 돈 5억 원으로 개인연금에 가입한다.

그럼 A부부가 받게 되는 연금소득은 주택연금에서 120만 원, 개인연금에서 160만 원 내외의 소득이 추가된다. 모두 비과세 소득으로 만들 수 있으니 건강보험료 인상 납부 걱정도 할 필요는 없다. A부부는 기존 연금소득 210만 원과 280만 원의 연금소득을 추가해 매달 500만 원에 이르는 생활비를 마련하게 되었다.

2순위 솔루션으로 이사를 절대 가고 싶지 않은 경우이다. 주택연금만 개시한다.

10억 원짜리 아파트로 받을 수 있는 연금소득은 240만 원이다. 기존 연금소득과 합쳐 450만 원의 생활비를 마련할 수 있다. 1순위보다는 연금소득이 10%가량 낮지만 거주하던 지역과 아파트를 바꾸지 않아도 되는 장점이 있다.

주택연금도 단점은 있다

주택연금은 역모기지론 개념으로 이자(비용)가 발생하기 때문에 동일한 규모의 돈을 금융자산 및 연금에 불입했을 경우와 비교해보며 노후에 수령할 수 있는 금액 자체는 낮을 수밖에 없다. 노후생활의 여유는 **'자산'이 아니라 '현금'이 결정**한다. 은퇴하기 전까지는 자산의 규모를 키워야하는 재테크 전략이 유효하다. 하지만 은퇴 후부터는 자산을 현금으로 바꾸는 전략이 필요하다. 쥐고 있다고 저승길에 가져갈 수 있는 것이 아니니 노후생활 30년을 행복하게 살고 싶다면 '자산'이 아닌 '현금'을 확보하는 전략을 우선으로 고려하자.

돈 걱정없는 노후 STEP ③
모르면 손해보는
개인연금을 알아보자

07

노후를 준비하기 위해서 개인연금이 필요하다는 사실을 모르는 사람은 없을 것이다. 하지만 막상 '개인연금'을 준비하려고 마음먹는 순간, 수많은 선택지 앞에서 고민이 시작된다. 연금저축, IRP, ISA, 연금보험 그리고 ETF까지… 각기 다르나 이름과 제도, 다양한 세금 혜택과 운용방식을 가진 연금 상품들이 즐비하다. 무엇이 좋은지, 어떤 걸 먼저 시작해야 할지, 누구에게 물어봐도 쉽게 결론을 내리기가 어렵다.

그 이유는 이 모든 연금 중에서 '절대 강자'가 없기 때문이다. 각각의 연금들이 장단점이 너무나 명확하기 때문에 누군가에게는 최고의 선택이 될 수 있고, 또 다른 누군가에게는 불필요한 선택이 될 수도 있다. 최고의 선택은 사실 나의 재정상태, 은퇴 시기, 투자성향, 세금 부담 여하에 따라 가장 나에게 맞는 연금 포트폴리오를 구성하는 것이 핵심이다. 이 선택이 노후 삶의 질을 좌우하는 가장 중요한 분기점이 된다.

지금부터는 수많은 개인연금 중에서 어떤 상품을 선택해야 하고, 어떻게 활용해야 노후가 든든해질 수 있는지에 대해서 집중적으로 다룰 예정이다. 각 연금의 구조부터 세제 혜택, 전략적인 활용법, 숨겨진 장단점까지 속속들이 살펴볼 것이다. 노후준비를 위한 연금 선택, 고민만 하다가 또 미뤄진다. 여러분의 노후를 책임질 연금 설계를 지금부터 함께 시작해보자.

개인연금, 절세혜택과
운용방식의 차이 |1|

내 노후를 위한 개인연금 3가지를 알아보자

노후를 준비하는 가장 효과적인 방법은 '충분한 연금소득'을 만드는 것이다. 연금소득이 중요한 이유는 '**흔들리지 않는 소득**'이기 때문이다. 노동소득은 실직, 폐업, 생산성 감소 등의 이유로 줄거나 사라질 수 있다. 하지만 연금소득은 그 어떠한 상황에서도 흔들림이 없다. 여러분이 여행을 가든, 치료를 받든 연금소득은 멈추지 않는다. 하지만 많은 사람들은 '개인연금을 시작하려는데, 뭐부터 해야 할지 모르겠다'고 말한다. 연금저축? 연금보험? IRP? 이름도 어렵고, 특징도 각양각색이라 어렵기만 하다.

그래서 여기에서는 개인연금의 대표적 유형인 연금저축계좌, IRP, 연금보험에 대해 정리해보려고 한다. 각각의 장단점은 물론, 어떤 상황에서 어떤 연금을 선택해야 여러분의 노후에 더 유리해질 수 있는지도 함께 살펴보자.

○ 개인연금의 구분

종류	연금저축계좌	IRP 계좌	연금보험
세금혜택	세액공제	세액공제	비과세
운용방식	공시이율/ETF/펀드 등	공시이율/ETF/펀드 등	공시이율/ETF/펀드
중도인출	어려움	어려움	쉬움
사업비	낮다	낮다	높다

▲ 사업비는 위와 같은 상품을 구매 시, 투자자가 내는 수수료이다.

연금저축계좌

내 집 마련을 위해 청약저축통장을 기본적으로 만들듯이, 노후준비를 위해 사회초년생이 되면 연금저축계좌부터 만드는 것이 정석처럼 통용되고 있다. 그 이유는 노후준비를 하면서 동시에 세액공제를 해주는 절세도구이기 때문이다. 세액공제뿐만 아니라 연금개시 전까지는 이자소득과 배당소득에 대해 과세하지 않는 과세이연 효과도 누릴 수 있어 복리의 효과를 극대화할 수 있는 계좌이기도 하다.

 연금저축계좌 세액공제는 최대 600만 원까지 가능하며, 그로 인해 연말정산 시 받을 수 있는 세제혜택은 최대 99만 원에 이른다. 돌려받는 세금만으로도 최소한 최대 16.5%의 재테크 성과를 달성할 수 있는 효과가 있는 것이다. 물론 현실은 세액공제 받은 99만 원을 다시 연금저축계좌에 납입하는 가입자는 매우 매우 드물다.

 그리고 연금저축계좌는 ETF로 다양한 투자가 가능해 은행, 보험사, 증권사 모두에서 취급하고 있다. 다만 최근에는 ETF 투자가 자유로운 증권사 계좌인 '연금저축펀드'를 주로 활용하는 것이 대세이다. 하지만 모든 가입자들이 투자를 잘하는 것은 아니기 때문에 ETF나 펀드의 관리 능력에 따라 연금 적립금의 규모가 달라질 수 있다는 점에 유의해야 한다.

 연금저축펀드의 경우 당해연도 내에 불입한 돈은 자유롭게 중도인출이 가능하다. 1월 1일부터 12월 30일 사이에 불입한 돈은 해가 넘어가기 전에는 불이익 없이 인출이 가능하다. 하지만 작년까지 불입한 돈은 중도인출이 불가능하다. 정확히는 불이익 없이 중도인출이 불가능한데 반대로 불이익을 감수하면 중도인출은 가능하다. 다만 인출금액에 대해 기타소득세 16.5%가 부과되기 때문에 상당한 세금부담이 생긴다(세액공제 받지 않은 납입금액은 언제든지 중도인출 가능).

연금저축계좌는 납입 완료 후 일시금으로 수령하는 게 아니라 연금수령이 원칙이다. 55세 이후부터 연금개시가 가능하지만 최소 10년에 걸쳐 연금으로 수령해야만 한다. 일시금 수령은 원칙적으로 불가능하며 일시금으로 찾는 방법은 '해지'를 통한 방법이 유일하다. 하지만 해지를 하면 기타소득세 16.5%가 부과된다.

> **연금저축계좌란?** · 잠깐 정리하기
>
> - **납입한도** : 연 600만 원(세액공제 대상)
> - **세제혜택** : 최대 16.5% 세액공제(지방세 포함)
> - **수령 시점** : 만 55세부터 연금으로 수령 가능
> - **과세** : 연금 수령 시 연금소득세(3.3~5.5%) 적용

IRP(개인퇴직연금계좌)

직장인이라면 누구나 퇴직연금을 보유하고 있다. 회사에 따라서 DB형과 DC형 중 하나의 퇴직연금으로 관리하고 있을 것이다. 그런데 이직이나 퇴직을 하는 경우에는 그동안 쌓인 퇴직연금 적립금을 수령해야 하는데 일반계좌로 돈을 받을 수 없고 IRP 계좌를 의무적으로 만들어서 IRP 계좌에 퇴직연금 적립금을 수령 받아야 한다. 그래서 IRP 계좌는 언젠가 반드시 개설해야 하는 계좌이기도 하다.

IRP의 세제혜택 구조는 연금저축계좌와 동일하다. 다만 납입한도가 다른데 연금저축계좌가 최대 600만 원까지 세액공제가 가능

하지만 IRP는 900만 원까지 가능하다. 그래서 IRP에만 900만 원을 납입해도 되고, '연금저축계좌 600만 원 + IRP 300만 원'으로 납입해도 된다. 결론적으로 최대 148만 원의 환급금을 받을 수 있다.

운용방식은 연금저축펀드와 거의 동일하다. 펀드, ETF, 채권 등 다양한 금융상품을 통해 적립금을 굴릴 수 있다. 하지만 다른 점이 있다. 바로 30%룰이라는 것인데, IRP(DC형 포함) 계좌 내에서 주식비중은 최대 70%만 가능하며 30%는 안전자산으로 채워야하는 규정을 의미한다.

IRP의 이점은 하나 더 있다. 바로 IRP 계좌는 직장인뿐만 아니라 사업자, 프리랜서, 전업주부 누구나 개설할 수 있다는 점이다.
일반적으로는 연금저축펀드에 600만 원을 납입하는 것만으로는 세액공제 금액이 부족하다고 느끼는 고소득자들이 추가로 세액공제를 받기 위해서 IRP 계좌를 많이 활용한다.

IRP 계좌의 최대 단점이라고 할 수 있겠다. 연금저축펀드는 상황에 따라 중도인출도 가능하고 세금 패널티만 감수한다면 언제든지 해지도 가능하다. 하지만 IRP는 마음대로 중도인출을 할 수 없다. 특정 사유가 있어야만 중도인출이 가능한데, 주택구입이나 의료비 등 일부 사유에 한해서만 중도인출이 허용한다. 만약 특별한 사유에 해당되지 않아서 해지를 해야한다면 퇴직소득세가 부과되기 때문에 세부담이 커질 수 있다.

> **IRP란?**
>
> - **납입한도** : 연 900만 원(세액공제 대상)
> - **세제혜택** : 최대 16.5% 세액공제(지방세 포함)
> - **수령 시점** : 만 55세부터 연금으로 수령 가능
> - **과세** : 연금 수령 시 연금소득세(3.3~5.5%) 적용

연금보험

연금저축펀드와 IRP라는 트렌드에 밀려서 다소 소외된 개인연금이 있다. 바로 연금보험이다. 연금보험은 보험사에서만 취급하는 개인연금으로 연금보험, 변액연금이 대표적이다. 가장 큰 특징은 세액공제 혜택이 아니라 비과세 혜택을 준다는 것이다. 연금보험 내에서 발생한 이자소득과 배당소득에 대해서는 한도 없이 비과세 혜택을 받을 수 있다. 사실 그래서 고소득자라면 반드시 필요한 금융상품이기도 하다.

저축성보험의 대표 금융상품인 연금보험은 2017년 이전에는 납입한도 없이 얼마든지 불입할 수 있었고, 당연히 모든 이자와 배당에 대해서 비과세가 적용되었다. 하지만 고소득자들만이 혜택을 누린다는 비판여론 때문에 2017년 세법개정이 되었고 연금보험(저축성보험)의 비과세 기준이 다음과 같이 변경되었다.

○ **저축성 보험의 세법 기준**

비과세 조건

기본조건 : 보험기간이 10년 이상 경과된 보험

[월적립식 저축성보험(2017.4.1 이후 가입)]
- 납입기간이 5년 이상인 월적립식 보험계약일 것
- 매월 납입하는 기본보험료가 균등하고 선납기간이 6개월 이내일 것
- 1인이 납입하는 보험료 합계액이 연간 1,800만 원 이하일 것(월 150만 원)

[거치식 저축성보험(2017.4.1 이후 가입)]
- 1인이 납입하는 보험료 합계액이 1억 원 이내일 것(추가납입 포함)

[종신형 연금보험(2013.2.15 이후 가입)]
- 계약자 = 피보험자 = 수익자
- 연금개시연령이 만 55세 이상이고 연금 개시 이후에 해지불가해야 함
- 연금 외의 형태로 보험금 수익 등을 지급 불가해야 함(연금개시 전 중도인출 불가)
- 연금지급방식이 종신형이고, 보증지급기간이 고시하는 기대여명 이내일 것
- 매년 수령하는 연금액이 [연금개시일 현재 연금계좌평가액 / 연금개시일 현재 기대여명 연수 x 3]을 초과하지 않을 것

1인당 연금보험에 납입 가능한 돈은 적립식 계약의 경우 월 150만 원, 거치식은 1억 원까지 가능하다. 비과세 조건을 충족하기 위해서는 최소 납입기간 5년을 채워야하고 보유기간은 10년을 유지해야 한다. 평범한 직장인의 경우 충분한 한도라고 할 수 있지만 고소득자들에게는 부족한 한도이기도 하다.

연금보험의 장점

모든 세금으로부터 자유로운 유일한 개인연금

비과세, 세금을 과세하지 않는다는 혜택은 사실 굉장히 막강한 혜택이다. 연금을 공시이율이나 주식형자산으로 운용했을 때 발생하는 이자소득과 배당소득, ETF 가격차익(세법상 배당소득)에 대해서 세금을 부과하지 않는 것만으로도 엄청난 경제적 이익을 확보할 수 있다. 예를 들어 매달 50만 원씩 30년간 기대수익률 8%를 달성했을 때 30년 후에 만들어지는 자산의 규모는 약 4.4억 원이다.

원금의 규모가 약 1억 원임을 감안할 때 금융소득만 3억 원이 넘는다. 만약 비과세 혜택이 없었다면 금융소득 3억 원에 대한 세금은 금융소득종합과세 대상자이기 때문에 거의 1.3억 원(세율 45%)에 육박하게 된다. 어렵게 번 돈의 절반 가까운 돈을 세금으로 납부하게 될 수도 있다는 의미이다.

중도인출이 가능하다

보험사 상품에 대한 편견으로 유동성이 굉장히 부족하다고 생각하는 사람들이 많다. 하지만 실상은 정반대에 가깝다. 유동성이 가장 부족한 개인연금은 IRP이고 그 다음이 연금저축펀드이다. 오히려 연금보험(변액연금)이 유동성이 가장 좋은 편이다. 물론 가입 이후 최소 5년의 시간이 지났을 경우에 한하지만 중도인출 시 세금이 부과된다든지 높은 비용의 수수료를 지불한다든지 이자를 지불해야 든지 등의 제약이 없다. 인출한 비과세 세법 기준에 맞춰서 다시 재입금도 언제든지 가능하다.

고금리 확정수익이 가능(가입과 동시에 받을 수 있는 최소 연금액이 확정)

일부 개인연금의 경우 7~8%의 최저보증이율을 적용받을 수 있다. 월 불입액에 대해서 시중금리 대비 높은 수익률을 보증받을 수 있는 것이다. 최근 은행의 예·적금 이자가 2~3% 수준임을 고려했을 때 많게는 3배나 더 높은 성과를 확보할 수 있는 것이다. 이러한 독특한 구조 덕분에 일부 개인연금은 가입과 동시에 은퇴 시점에 수령할 수 있는 최소 연금액을 확인할 수 있다.

그래서 은퇴 후 예상 현금흐름을 보다 정확하게 예측할 수 있어 노후준비를 하는데 있어 큰 도움이 된다. 최근 ETF 등을 활용한 투자가 트렌드라고 할 수 있지만 주식자산의 높은 변동성을 고려하면 모든 사람이 투자를 할 수 있는 것은 아니다. 보수적인 성향의 사람이라면 노후자금의 운용성과를 은행의 예·적금 이자율보다 높이면서도 동시에 안정성을 확보할 수 있는 확정수익형 개인연금으로 노후준비를 하는 것도 좋은 대안이 될 수 있다. 단, 최저보증이율은 복리가 아닌 단리라는 점과 '연금수령 시'에만 적용되며 중도인출 및 중도해지 시에는 최저보증이율이 적용되지 않으니 주의하자.

자유롭게 조절 가능한 연금수령 시기

연금저축펀드와 IRP는 최소 연금개시 나이가 55세부터이다. 하지만 연금보험은 보험사별로 다르지만 30세부터 연금수령이 가능하기도 하다. 물론 30세 시점에 연금을 수령할 수 있는 케이스는 현실적이지 않다. 부모가 증여의 목적으로 자녀에게 개인연금을 준비해주는 경우에 한해서만 가능한 시나리오이다. 하지만 대부분의 연금보험은 45세부터 연금수령이 가능하기 때문에 조기은퇴를 목적으로 하는 사람에게 하루라도 빨리 연금소득을 만들어 줄 수 있다.

죽을 때까지 수령 가능한 종신연금

연금보험의 두 번째 막강한 기능이라고 할 수 있는 '종신연금'은 '죽을 때까지 연금이 지급'되는 기능이다. 수령한 연금액이 적립금을 초과하더라도 동일한 금액을 죽을 때까지 지급해준다. 그래서 장수 리스크를 최소화할 수 있으며 심지어는 연금이 상속되어 지급되는 기능도 있다. 그래서 연금을 통한 부의 이전(상속 및 증여) 계획도 수립할 수 있어서 고소득자들의 절세도구로도 많이 활용되고 있다.

ETF로 적립금을 불릴 수 있다

연금보험도 IRP와 연금저축펀드와 마찬가지로 ETF 및 펀드 등으로 적립금을 운용할 수 있다. 노후준비를 할 수 있는 예산은 부족하지만 공격적인 투자를 통해 적정수준의 노후자금을 마련하고 싶은 사람에게 투자라는 선택지가 제공된다.

연금보험의 단점

상대적으로 높은 사업비

수많은 장점에도 불구하고 연금보험의 인지도가 상대적으로 낮은 이유는 높은 사업비 때문이다. 납입기간 동안 8% 내외의 사업비가 청구되는 것이 일반적이라서 최근 유행인 ETF의 연보수와 비교했을 때 엄청나게 높은 비용이라고 느낄 수 있다. 하지만 사업비 부과 방식에 대한 정확한 이해는 필요하다. 8% 내외의 사업비는 월적립액 기준으로 부과되며 납입기간 이내에만 적용된다. 연금에 쌓인 적립금 전체에 대해서 8%의 높은 비용이 차감되는 것이 아니라는 것이다(8% 이상 성과를 달성하지 않으면 매년 손실이라는 오해가 이 부분을 제대로 이해하지 못해서 발생한다).

또한 추가납입과 일시납 연금보험의 활용을 통해 사업비를 절감할 수 있는 팁도 있으니 제대로 이해하고 잘 활용해 보도록 하자.

높은 유동성의 양면성

인출할 수 있는 돈(현금)이 있을 때 우리는 소비로부터의 유혹에 시달리게 된다. 차량을 교체하고 싶어지고, 주택을 교체하고 싶어진다. 그래서 예·적금으로 돈을 모으기가 쉽지 않은 것이다. 만기 때마다 큰 유혹으로부터 돈을 지키기가 어렵기 때문이다. 그런데 연금보험의 경우 5년 이상 납입한 경우 해지했을 때 돌려받을 수 있는 돈이 납입한 원금을 크게 웃도는 경우가 흔히 발생한다. 이때 가입자는 적금 만기 때 느낄 수 있는 유혹에 시달리게 된다.

"연금을 해지하면 주택 평수를 늘릴 수 있을 것 같은데?", "차를 바꿀 때가 된 것 같은데…"

인간은 때로는 굉장히 비이성적인 동물이라서 노후의 행복을 지금의 행복으로 당겨 사용하길 원한다. 그래서 연금저축펀드에 비해서 현금화가 쉬운 연금보험은 다른 이유도 아닌 소비 때문에 사라지곤 한다.

연금저축 vs IRP, 순서만 바꿔도 노후자금이 커진다 |2|

개인연금으로 세액공제를 최대한 받기 위해서 채울 수 있는 돈은 900만 원이다. 이때 선택지는 두 가지로 연금저축펀드(보험)와 IRP 퇴직연금계좌이다. 연금저축펀드는 최대 600만 원까지 세액공제가 가능하고 IRP 계좌는 900만 원까지 가능하다. 그럼 한도도 높고 관리하기 쉽게 IRP에 900만 원을 전부 채울까? 아니면 연금저축펀드에 600만 원을 먼저 채우고 부족한 300만 원을 IRP에 넣는 게 좋을까?

필자의 답변은 **"IRP 퇴직연금계좌에 900만 원 채우지 마세요."** 이다. 그 이유는 두 가지로 요약된다.

첫 번째, IRP 퇴직연금계좌는 유동성이 너무 부족하기 때문이다.

앞서 설명에서도 이야기했지만 IRP 계좌는 내 마음대로 중도인출을 할 수 없는 계좌이다. 퇴직금과 동일한 규제가 적용되기 때문에 주택구매나 병원비 등의 특별한 사유가 발생했을 경우에만 중도인출이 허용된다. 반면 연금저축펀드는 세액공제를 받지 않은 적립금은 언제든지 인출이 가능하다. 해지 시에도 기타소득세 16.5%만 납부하면 된다. 하지만 IRP 계좌는 퇴직소득세가 부과되기 때문에 세금 부담이 더 커질 수 있다. 그래서 혹시 모를 상황이 발생할 수 있기 때문에 굳이 세액공제를 받기 위해서 연금저축펀드를 건너 뛰고 IRP 계좌에 900만 원을 전부 채울 필요는 없다.

두 번째, IRP 계좌(DC형 포함)는 '30%룰'이 적용된다.

IRP는 법적으로 적립금의 30%를 안전자산으로 채워야 한다. 의무사항이기 때문에 반드시 지켜야하는데 이로 인해 연금 운용에 자유도가 떨어진다.

만약 은퇴까지 30년 남은 30대 직장인이 있다고 가정했을 때 퇴직연금을 주식형 ETF로 100% 설정해서 운용했을 때와 안전자산을 30% 넣고 나머지 70%만 주식형 ETF로 설정했을 때 그 결과는 얼마나 차이가 날까?

○ 안전자산 의무비중에 따른 수익률차이

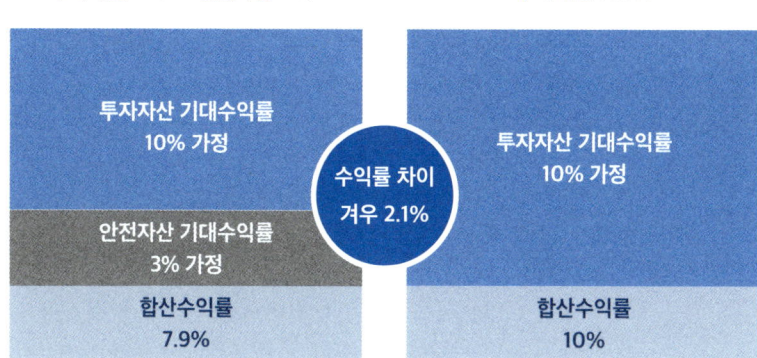

일단 이론적으로 기대수익률 차이는 약 2.1%p이다. 매년 2% 기대수익률 차이로 인해서 퇴직금의 규모가 얼마나 차이가 날까?

겨우라고 생각할 수 있는 기대수익률 2% 차이로 인해 30년 후 모을 수 있는 노후자금의 규모는 50% 벌어진다. 지금부터 30년 후에 5억 원을 모으기 위해서는 매달 25만 원씩 적립하고 기대수익률이 10%를 달성해야 만들 수 있는 돈이니 결코 쉽게 만들 수 있는 돈도 아니다. 이 돈을 2% 복리 수익률이 만들어 낸다. 부자가 될 사람과 가난할 사람은 이러한 작은 차이가 벌어지면서 시간이 흘러 큰 차이로 나타나기 때문이라는 사실을 잊지 말자.

○ 안전자산 의무비중에 따른 성과차이

투자자산 70% + 안전자산 30%

투자자산 기대수익률
10% 가정

안전자산 기대수익률
3% 가정

합산수익률
7.9%

30년 후 10억 원

투자자산 100%

투자자산 기대수익률
10% 가정

합산수익률
10%

30년 후 14.8억 원

연금저축펀드에 600만 원을 먼저 채우고 IRP를 활용하자

소득이 높고, 연말정산에 공제받을 항목이 많지 않아 연금 세액공제 900만 원을 모두 채워야하는 상황이라면 개인연금에 돈을 납입하는 순서는 연금저축펀드가 1번이고, IRP 계좌가 2번이다. 연금저축펀드에 600만 원을 채우고 모자란 300만 원은 IRP계좌에 채우도록 하자.

이렇게 세액공제를 준비하는 경우 IRP 계좌에 900만 원을 채우는 것보다 기대수익률은 1.4% 끌어올리는 효과를 얻을 수 있다.

노후자금은 장기재무목표이다. 지금부터 아주 조금만 방향성이 바뀌어도 **복리의 힘에 의해 30년 후 맞이하는 미래는 180도 바뀐**

다. 남들도 다 하니까 준비했던 개인연금이라면, 이 글을 읽고 조금 더 현명한 방법으로 준비해보자. 순서만 바꿔도 노후자금의 규모가 억단위로 차이 날 수 있고, 그 돈이 노후의 행복을 좌우할 수 있다.

○ 연금저축펀드와 IRP 혼합 성과

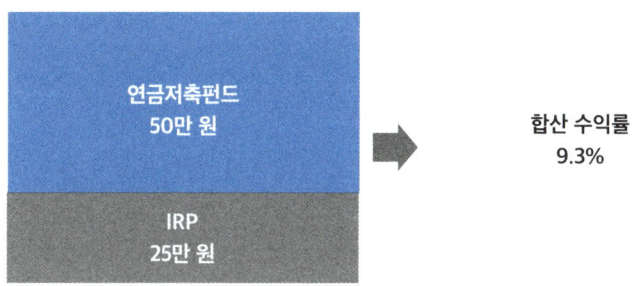

세액공제의 함정 :
연금으로 세금폭탄 맞는 이유 |3|

세액공제를 위해 개인연금에 900만 원을 꽉 채우는 것이 과연 이점만 있는 노후준비 전략이라고 할 수 있을까? 주위에서, SNS에서 연금저축과 IRP에 최대한 많은 돈을 불입하라는 조언이 많지만 간과하는 부분이 있다. 그것은 연금저축은 연금을 받을 때 과세가 되는 개인연금이라는 것이다.

세액공제의 이면 : 연금소득세는 영원히 3~5%로 낮을까?

세액공제가 가능한 연금저축펀드와 IRP는 나중에 연금으로 수령할 때 연금소득세를 내야 한다. 현재 연금소득에 대한 세율은 연금 수령 시점에 따라 3.3~5.5% 수준으로 매우 낮은 편이다. 그래서 세액공제로 최대 16.5%를 돌려받기 때문에 세금 측면에서 이득이 크다고 생각한다.

하지만 지금의 연금소득세율이 30년 후에도 동일하다는 보장은 없다. 세율은 영원히 고정값이 아니라 시대적 상황에 따라 늘 변화한다. 이런 우려가 지나친 걱정일 수 있다. 하지만 현실적인 우려이기도 하다. 대한민국의 인구 구조를 생각해보자. 급속도로 빨라지는 고령화로 인해 복지 지출은 늘어나는 반면, 유래 없는 저출산으로 인해 조세 기반은 빠르게 좁아지고 있다. 정부 입장에서는 재정 안정화가 절실하지만 지출을 줄이는 것은 쉬운 선택이 아니다. 그래서 지금과 같은 상황이 지속될 경우 국민이 부담해야 하는 조세 부담은 점점 가중될 가능성이 높다.

지금까지 소득세가 점진적으로 인상되었듯이, 비과세 항목이 점점 줄어들었듯이, 연금소득에 대한 저율과세 역시 미래에도 저율과세가 유지될 것이라는 희망은 그저 희망일 뿐일 수 있다. 세금은 생물과 같아서 사회구조 변화에 따라 자연스럽게 변화된다. 그렇기 때문에 대한민국이라는 사회가 처한 현실을 고려해서 미래의 절세

전략을 지금부터 준비해야 한다.

연간 1,500만 원 이상 연금을 받으면 세율도 높아진다

이미 사적연금에서 기준금액 이상으로 연금을 받게 되면 저율과세가 적용되지 않는다. 연금수령액이 연간 1,500만 원을 넘는 순간 저율과세의 이점은 완전히 사라지고 종합소득과세 대상 혹은 16.5%로 높은 세율의 분리과세가 적용된다(2023년까지는 1,200만 원이 기준금액이었다).

그리고 이때 주의할 점이 있는데 연금수령액이 1,500만 원에서 단돈 1원이라도 초과하게 되는 경우 전체 금액에 대해서 과세 방식이 바뀐다는 것이다.

만약 연간 사적연금 수령액이 2,000만 원이라고 가정하면 일반적으로는 1,500만 원까지는 저율과세가 적용되고, 초과분인 500만 원에 대해서만 세율이 높아질 것이라고 생각하기 쉽다. 사업소득세도 그러한 구조이기 때문이다. 하지만 연금소득세는 다르다. 연금수령액이 연간 기준금액이 1,500만 원에서 1원이라도 초과 수령하게 될 경우 연금소득 전체가 저율과세가 아닌 고율과세로 바뀐다. 가입자는 종합소득세 혹은 16.5%의 분리과세 중 한 가지를 선택해서 세금을 납부해야 한다.

윤택한 노후생활을 위해 한푼이라도 더 많은 연금소득을 만들기 위해 더 많이 저축하고, 더 높은 수익률을 달성하려는 노력 덕분에 오히려 세금부담이 커지게 되는 모순에 마주하게 되는 것이다.

모든 소득에는 건강보험료(건보료)가 부과되는데, 사적연금소득은 안전할까?

어떠한 측면에서는 세금보다 무서운게 건강보험료이다. 직장인은 기업에서 보험료 절반은 부담해주고, 지역가입자에 비해 보험료

○ 건보료 부과대상 소득유형

국민건강보험법 시행령

제41조(소득월액) ① 소득월액(직장가입자의 경우에는 법 제71조제1항에 따른 보수 외 소득월액을 말하고, 지역가입자의 경우에는 같은 조 제2항에 따른 소득월액을 말한다. 이하 같다) 산정에 포함되는 소득은 다음 각 호와 같다. 이 경우 「소득세법」에 따른 비과세소득은 제외한다. <개정 2020.10.7. 2022.6.30. 2024.5.7>

1. 이자소득: 「소득세법」제16조에 따른 소득
2. 배당소득: 「소득세법」제17조에 따른 소득
3. 사업소득: 「소득세법」제19조에 따른 소득
4. 근로소득: 「소득세법」제20조에 따른 소득
5. 연금소득: 「소득세법」제20조의3에 따른 소득. 다만, 같은 조 제1항 제1호의 공적연금소득의 경우에는 같은 조 제2항을 적용하지 않고 해당 과세기간에 발생한 연금소득 전부를 연금소득으로 한다.
6. 기타소득: 「소득세법」제21조에 따른 소득

○ **건보료 부과대상인 연금소득의 종류**

> **소득세법**
> **[시행 2025. 7. 1.] [법률 제20615호, 2024. 12. 31., 일부개정]**
>
> 제20조의3(연금소득) ① 연금소득은 해당 과세기간에 발생한 다음 각 호의 소득으로 한다. <개정 2013. 1. 1., 2014. 1. 1., 2014. 12. 23., 2023. 12. 31.>
>
> 1. 공적연금 관련법에 따라 받는 각종 연금(이하 "공적연금소득"이라 한다)
> 2. 다음 각 목에 해당하는 금액을 그 소득의 성격에도 불구하고 연금계좌["연금저축"의 명칭으로 설정하는 대통령령으로 정하는 계좌(이하 "연금저축계좌"라 한다) 또는 퇴직연금을 지급받기 위하여 설정하는 대통령령으로 정하는 계좌(이하 "퇴직연금계좌"라 한다)를 말한다. 이하 같다]에서 대통령령으로 정하는 연금형태 등으로 인출(이하 "연금수령"이라 하며, 연금수령 외의 인출은 "연금외수령"이라 한다)하는 경우의 그 연금
>   가. 제146조제2항에 따라 원천징수되지 아니한 퇴직소득
>   나. 제59조의3에 따라 세액공제를 받은 연금계좌 납입액
>   다. 연금계좌의 운용실적에 따라 증가된 금액
>   라. 그 밖에 연금계좌에 이체 또는 입금되어 해당 금액에 대한 소득세가 이연(移延)된 소득으로서 대통령령으로 정하는 소득

가 낮은 편이라 건보료에 대한 공포를 잘 모를 수 있다. 하지만 사업을 하고 있는 지역가입자라면 왜 건보료가 세금보다 무섭다고 표현하는지 쉽게 이해할 수 있을 것이다. 실제로 이미 은퇴한 분들이 겪는 어려움 중 하나로 높은 건보료 부담이 이슈가 되고 있다. 보유자산의 기준이 낮아지고, 부양가족에 편입되는 조건은 까다로워지면서 건보료 지역가입자가 된 은퇴자들은 높은 보험료 부담으로 인

해 경제적 어려움을 호소하고 있다.

사적연금도 건보료 부과 대상 소득이라고?

국민건강보험법에 의하면 건강보험료를 책정하는 기준 소득에 '연금소득'도 포함되어 있다는 사실을 법령을 통해 확인할 수 있다. 공적연금은 당연히 포함되며 우리가 그동안 세액공제 받기 위해서 열심히 불입한 사적연금인 연금저축펀드와 퇴직연금에서 수령하는 연금소득 역시 기준소득에 포함된다는 것을 확인할 수 있다.

다만 아직은 건보료 산정에 사적연금소득을 포함하지는 않고 있다. 하지만 감사원이 지적한 형평성 문제, 건강보험의 재정 안정성이라는 명분을 언급하는 보건복지부와 건강보험공단의 입장을 고려한다면 사적연금이 건보료 부과 기준소득이 될 가능성은 시간이 지나면서 점점 높아질 것이다.

연금저축계좌와 퇴직연금계좌는
유리연금이라는 사실을 잊지말자

근로자의 월급을 유리지갑이라고 부른다. 국가에서 정확하게 소득을 파악할 수 있기 때문이다. 세액공제를 위해 열심히 납부하는 개인연금도 '유리연금'이다. 연말정산을 받을 땐 기분좋게 받았겠지만 여러분이 노후에 받게 될 연금소득을 국가에서 정확히 파악하고 있다는 의미는 세법이 개정되었을 때 피할 수 있는 방법이 전혀없다는 것을 의미하는 것이다.

세액공제는 오늘의 이익이고,
연금소득세와 건보료는 내일의 비용이다

당장 세금을 아끼는 것도 중요하지만 그로 인해 미래의 비용으로 되돌아올 수 있음을 예측하고 대비하는 자세가 필요하다. 애써 모든 연금소득을 '유리연금'으로 만드는 것이 과연 합리적인 노후준비 전략인지에 대해 고심해야하는 이유이다. 연말정산 때 몇십만 원 돌려받으려다가 미래에 더 큰 세금을 납부하는 성실납세자가 될 수 있다.

잠자는 개인연금 깨우는 방법,
연금이전제도 | 4 |

잘 찾아보면 잠자는 개인연금이 하나쯤은 있다

라떼시절 취업과 동시에 소득공제를 위해 하나쯤 가입했을 연금저축보험이 바로 잠자는 개인연금이다. 가입 당시에는 노후준비 목적보다는 소득공제를 해준다고 하니까 아무 생각없이 가입했을 가능성이 높고, 가입당시에는 꽤나 높은 이자가 적용되는 것으로 알고 있었겠지만 실상은 공시이율(변동이율)이 적용되기 때문에 저금리 기조와 함께 내가 보유한 개인연금도 저금리의 늪에 빠져있을 것이다. 당연히 가입당시 설명들었던 은퇴 후 수령 가능한 연금액도 받을 수 없는 돈이 되어버렸다.

지금이라도 해지해야 하나? 아니면 내버려두고 연금저축펀드에 다시 불입할까?

짧게는 5년, 길게는 10년도 더 지난 연금저축보험이 처치곤란인 경우가 많다. 이제 와서 해지하자니, 해지 시 발생하는 기타소득세 부담이 커서 망설여진다. 그렇다고 그냥 내버려두자니 공시이율 2% 초중반의 낮은 이율이 적용되고 있기 때문에 노후를 위한 돈이 도무지 불어날 기미가 보이지 않는다. 이때 활용할 수 있는 제도가 있다. 바로 '**연금이전제도**'이다.

연금이전제도(계약이전제도)란? ······ 잠깐 알고가기

○ 연금이전제도의 이해

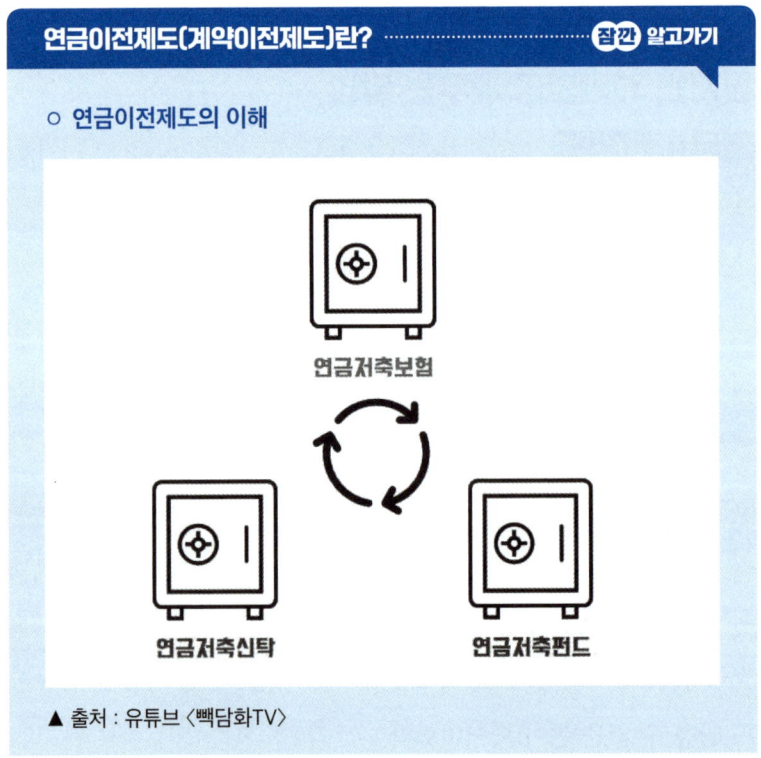

▲ 출처 : 유튜브 〈빽담화TV〉

퇴직연금 실물이전 제도 도입 훨씬 이전부터 연금이전제도(계약이전제도)가 존재했다. 동일한 휴대폰 번호로 통신사만 바꿀 수 있있듯이 은행, 보험사, 증권사에 있는 연금저축계좌를 상호 금융기관 간 이동할 수 있는 제도로써 연금저축보험에 있는 적립금을 연금저축펀드로 이전할 수 있다. 물론 그 반대로도 얼마든지 이전이 가능하다. 그런데 그렇게 하는 케이스는 본적이 없기는 하다.

연금이전제도가 좋은 이유는 적립금을 100% 그대로 옮겨올 수 있기 때문이다. 이 제도가 있기 전에는 연금저축보험을 연금저축펀드로 옮기기 위해서는 기존 연금을 해지하면서 기타소득세 16.5%를 납부하고 남은 돈을 연금저축펀드로 옮겨야 했다. 그동안 받은 세액공제 혜택을 뱉어내는 것도 억울한데 적립금이 크면 연금저축계좌의 연간 납입한도인 1,800만 원에 걸려 적립금을 한번에 납입할 수 없는 불편함도 가입자 몫이었다.

하지만 연금이전제도는 기존 금융회사에 있는 적립금을 타금융회사로 그대로 옮길 수 있다. 연금이전(계약이전)은 계약유지로 간주되므로 기타소득세는 부과되지 않으며 이전 후 연금저축계좌에 납입을 이어가는 경우 세액공제 혜택도 그대로 받을 수 있다. 연금유지 기간 산정 기준일도 기존 연금의 가입일을 기준으로 해주기 때문에 추후 연금을 수령할 때 문제가 생기지 않는다.

연금이전이 필요한 세 가지의 경우

직장을 그만두고 전업주부가 된 경우

연금이전제도가 가장 필요한 사례이다. 직장생활을 하면서 연말정산을 위해 가입한 연금저축보험, 퇴사 후 소득이 없지만 보험사 상품의 특성상 납입을 멈출 수 없기 때문에 매달 납입을 이어나가야 한다. 그러나 소득이 없으니 세금혜택을 받을 수는 없다. 연금저축계좌의 가장 큰 이점을 전혀 활용하지 못하고 있는 상황에 놓인 것이다.

이럴 때 연금이전제도를 활용해서 연금저축보험을 연금저축펀드로 이전을 하게 되면 매달 내던 불입금을 더 이상 납입하지 않아도 된다. 연금저축펀드는 납입이 자유로운 금융상품이기 때문에 납입을 중간에 정지해도 계약 유지에 불이익이 발생하지 않는다. 그래서 나중에 다시 소득이 생겼을 때 세액공제를 위해 납입을 시작해도 되고, 1년에 한 번만 원하는 만큼 납입을 하는 것도 가능하다.

보다 높은 성과를 원하는 경우

연금이전제도를 활용하여 연금저축펀드로 적립금을 옮기게 되면 다양한 ETF와 펀드 등으로 연금관리가 가능해진다. 미국대표지수인 S&P500, 나스닥 지수 등에 투자가 가능하고, 부동산 투자인 리츠에도 투자가 가능해진다. 저금리 시대에 연금의 투자성과를 높여 노후에 연금소득을 한푼이라도 높이고 싶은 가입자에게 다양한 투자 선택지를 제공한다.

그런데 연금저축펀드에 대해 오해를 하는 경우도 많다. 명칭에 펀드가 있다보니 원금손실 위험이 크다고 오해하는 것이다. 결론적으로 연금저축펀드로 연금을 이전한다고 해서 나의 연금을 원금손실 가능성이 있는 주식형 자산에 항상 투자를 해야하는 것은 아니다. 펀드나 ETF 중에서는 채권에 투자하는 종목도 많기 때문에 파킹통장처럼 안전하게 연금을 굴릴 수도 있고, 국공채나 회사채에도 투자하는 것이 가능하다. 즉 가입자가 원하면 얼마든지 안전하게 연금을 관리할 수 있다.

고정비용 부담으로 보험료를 줄이고 싶은 경우

살다보면 보험을 해지해야 할 정도로 재정적 어려움에 맞닥뜨리는 경우가 생기곤 한다. 이때 연금저축보험도 보험이라고 생각을 하고 같이 해지를 해버리는 경우가 있다. 하지만 연금저축보험을 해지하면 기타소득세가 부과되기 때문에 원금손실이 발생하기도 하는데 이때 연금이전제도를 활용한다면 불필요한 기타소득세 지출없이 연금을 지킬 수 있다. 동시에 납입에 대한 강제성이 사라지니 고정비용에 대한 부담도 줄일 수 있다.

연금이전 시 주의할 점

연금이전을 진행할 때 가입일 적용은 어느 계약으로 할지 선택할 수 있다. 이때 새롭게 만든 연금저축펀드의 가입일이 아닌 기존 연금의 가입일을 선택하는 것이 유리하다.

가입한지 얼마 안된 연금저축보험의 경우 연금이전 시 납입한 원금보다 낮은 적립금이 이전될 수 있어 주의가 필요하다. 이는 보험사 상품의 구조적 특징 때문인데, 저축성 보험의 경우 조기해지 시 패널티가 부과된다. 일반적으로 6년 이내에 해지하는 경우 패널티가 적용되는데 연금이전을 하는 경우에도 보험사 입장에서는 해지를 하는 것이므로 조기해지 패널티가 사라지는 것은 아니다. 기타소득세만 부과되지 않을 뿐 보험상품 자체적으로 있는 패널티는 그대로 적용된다. 그러니 연금이전 전에 해당보험사에 해지환급율이 얼마인지 미리 확인해보고 이전 신청을 하는 것이 좋다.

연금이전의 핵심은 잠자는 자산을 깨우는 것

다양한 이유가 있지만 연금이전을 하는 주된 목적은 적립금을 ETF로 운용하기 위함이다. 매달 50만 원씩 공시이율 2.5%를 적용했을 경우와 기대수익률 8%를 적용했을 때 그 결과의 차이는?

'약 2.6억 원의 노후자금을 만들 수 있느냐', '7.4억 원의 노후자금을 만들 수 있느냐'로 거의 5억 원의 차이가 발생한다.

똑같은 돈과 똑같은 시간을 보냈지만 어떠한 선택을 했느냐에 따라 운용성과는 달라질테고, 30년 후 맞이하는 노후에는 삶을 바꾸어 놓는다. 연금을 공시이율로 안전하게 굴리면 당장 마음은 편하겠지만, 미래에는 몸과 마음이 불편해질 것이다. 반대로 장기투자와 복리의 마법을 믿고 노후자금을 보다 적극적으로 굴린다면 당장 마음은 불안하고 불편할 수 있겠지만, 미래에는 몸과 마음이 편해질 것이다. 당장 잠자는 개인연금을 깨우자.

연금저축계좌, 왜 2개를 만들까?

| 5 |

ISA계좌와는 달리 연금저축계좌는 계좌개설 제한이 없다. 원한다면 2개, 3개 얼마든지 연금저축계좌를 만들 수 있다. 그래서 최근 유행처럼 연금저축계좌(연금저축펀드)를 2개 개설하여 노후를 준비하는 사람들이 많다. 계좌가 2개 있다고 해서 세액공제 한도가 늘어나는 것도 아닌데 뭐하러 동일한 계좌를 또 만드는 것일까?

연금저축계좌를 2개 만드는 이유

연금저축계좌의 세액공제 한도는 900만 원(IRP 포함)이지만 계좌에 납입이 가능한 총한도는 1,800만 원이다. 그럼 900만 원을 초과해서 연금저축계좌에 돈을 넣으면 어떻게 될까? 세액공제도 없고, 비과세도 없다. 하지만 '과세이연' 효과를 누릴 수 있다. 이 과세이연 효과를 확보하기 위해서 연금저축계좌를 2개 만들어서 노후준비를 하는 것이다.

○ **연금저축 2개 개설이유**

세액공제 목적
연 900만 원 이내

과제이연 목적
연 900만 원 초과분

> **과세이연 효과란?**
>
> 당장 내야할 세금을 지금은 내지 않고 나중에 납부함으로써, 미룬 시간 동안 세금지출 없이 자산을 키울 수 있어 복리의 효과를 추가로 얻을 수 있는 효과를 의미한다.

연금저축계좌에서 과세이연 효과를 누리면 왜 좋을까?

일반 계좌에서 ETF에 투자를 하는 경우 매도 시 차익에 대해 배당소득세 15.4%가 차감된다(국내주식형 외 ETF의 경우). 즉 1,000만 원을 투자해서 2,000만 원이 되었을 때 세금을 차감하면 약 1,850만 원이 남게 된다. 이 돈으로 다시 재투자를 한다면 지불한 세금만큼 자산도 줄어들고 복리효과도 약해지는 것이다.

하지만 연금저축계좌에서 ETF를 거래하면 이자소득세와 배당소득세를 납부하지 않아도 된다. 즉 1,000만 원을 투자해서 2,000만 원으로 만들었다면 이 돈을 그대로 재투자 할 수 있다. 재투자 수익률이 동일하게 10%라고 가정하면 일반계좌에서는 156만 원(세후)을 추가로 확보할 수 있지만 연금저축계좌에서는 200만 원을 확보할 수 있다. 이렇게 동일한 돈으로, 동일한 수익률을 거두었지만 시간이 지나면 지날수록 일반계좌와 연금저축계좌의 실질수익률(세후 수익률) 차이가 벌어지게 되는 것을 알 수 있다. 이것이 과세이연 효과의 장점이다.

○ 연금저축 과세이연 효과1

일반계좌
A ETF 1,000 매수
A ETF 2,000 매도
세전 수익 : 1000
세후 수익 : 약850

1,850 재투자
10% 수익달성
세전 수익 : 185
세후 수익 : 156

············

연금계좌
A ETF 1,000 매수
A ETF 2,000 매도
세전 수익 : 1000
세후 수익 : 1000

2,000 재투자
10% 수익달성
세전 수익 : 200
세후 수익 : 200

············

▲ 출처 : 유튜브 〈빽담화TV〉

○ 연금저축 과세이연 효과2

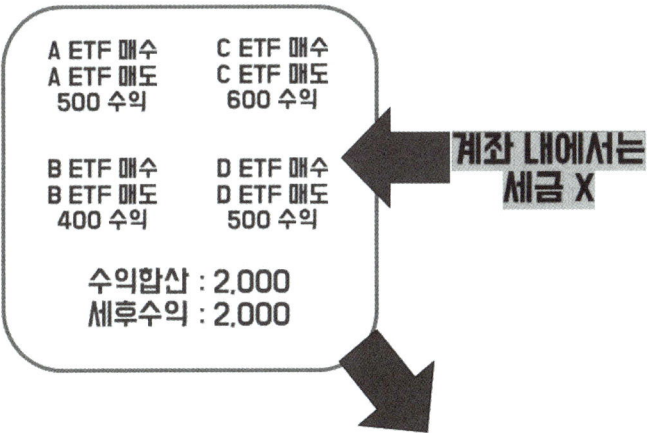

▲ 출처 : 유튜브 〈빽담화TV〉

그럼 비과세가 되는 것인가?

이러한 과세이연 효과를 비과세로 착각하는 분들이 많은데, 정확히는 비과세가 적용되는 것은 아니다. 연금저축계좌는 계좌 안에서 매매가 이루어질 때 이자소득세와 배당소득세를 내지 않아도 되지만 나중에 연금소득세를 내야한다. 연금소득세가 연금액에 따라 저율과세가 적용되어 세금부담이 크지는 않지만 엄연히 비과세 혜택이 있다고 이야기할 수 있는 것은 아니다. 또한 중도에 해지하는 경우에는 이자소득세 및 배당소득세를 내야한다.

연금 계좌는 무조건 2개 만드는 것이 정답은 아니다

IRP계좌까지 활용하여 세액공제 한도를 최대 900만 원까지 채우려면 매달 75만 원씩 투입해야 한다. 그런데 재정적인 여력이 남아서 더 윤택한 노후를 위해 연금저축계좌를 추가로 개설하여 재테크를 하면 과세이연 효과를 얻을 수 있으니 좋은 절세전략이 될 수 있다. 하지만 이 방법이 무조건 좋은 것만은 아닐 수 있다.

앞서 설명했듯이 연금저축계좌에서 얻을 수 있는 과세이연 효과는 지금 내야 할 세금을 나중으로 미루는 것이지 비과세가 되어 세금부담이 사라지는 것은 아니다. 그런데 연금계좌에 불입하는 돈이 늘어나므로 추후 수령하게 되는 연금액이 저율과세 기준금액인 1,500만 원을 초과하게 될 수 있다. 결국 과세이연으로 세금을 절약했다고 생각하겠지만 연금저축계좌의 장점인 저율과세 혜택을 받지 못하게 되면서 사적연금에 대한 세부담이 최소 3배 이상 높아지게 되는 상황에 노출된 것이다. 여기에 건보료 이슈는 덤이다.

혹여 누적된 수익금액이 높은 상태에서 두 번째 연금저축계좌를 중간에 해지라도 하는 경우에는 수익금이 이자 및 배당소득으로 잡히기 때문에 자칫 금융소득종합과세 기준금액인 2,000만 원을 초과할 수 있게 되는 점도 주의해야 하는 점이다.

경제적 여력이 있다면 '과세이연'보다는 '비과세'가 먼저이다. 굳이 순서를 따지자면 **연금저축계좌(세액공제) → 연금보험(비과세) → 연금저축계좌(과세이연) 순서로 개인연금을 준비하는 것**이 더 합리적인 절세방법이다.

돈 걱정없는 노후 STEP ④

요즘은 ETF로 노후준비한다

08

한때 노후준비의 대표적인 방법은 예·적금과 보험이었다. 선택지가 다양하지도 않았고, 원금보장이 최우선 가치였기 때문에 은행과 보험사에 돈을 묻어두는 방식이 '정석'처럼 여겨졌다.

하지만 지금은 2025년이다. 한국은행의 기준금리는 2%대에 머무르고 있고, 실질 물가상승률은 은행의 예금이자를 넘어선지 오래다. **예금은 자산을 지키는 것이 아니라, 서서히 깎아먹는 시대**가 되어버렸다. 원금보장을 고집하는 것이 더 이상 '안전'이 아닌 '위험'이 되는 역설의 시대.

투자가 '선택'이었던 과거는 지나갔고, **이제는 투자하지 않으면 점점 가난해지는 시대**에 우리는 살고 있다.

그렇다면 이제 남은 문제는 '어떻게 투자할 것인가'이다.

물론 현실은 녹록지 않다. 금융이라고는 예금과 적금이 전부였던 사람들에게 주식과 채권, 펀드와 자산배분은 낯설고 어렵다.

"뭘 사야 하죠?", "언제 팔아야 하나요?", "지금 사도 되나요?"

그래서 지금 이 시대에 가장 합리적인 노후준비 투자 수단으로 사람들이 주목하는 것이 있다. 바로 ETF다. 한 번쯤 들어봤을 테지만 여전히 낯설기만 한 그 이름이, 이제는 노후를 위한 가장 현실적인 대안이 되어가고 있다. 지금부터 ETF가 왜 노후준비에 유리한지, 어떤 종류가 있고 어떻게 시작하면 되는지를 함께 살펴볼 것이다. 막막하고 어려웠던 투자의 벽을 ETF로 넘을 수 있도록 친절한 첫 안내서가 되어줄 것이다.

21세기 가장 혁신적인 금융 발명품, ETF │1│

ETF란 무엇인가?

ETF는 Exchange Traded Fund의 약자로, 의미를 해석하면 주식처럼 거래할 수 있는 펀드이다. 상장지수펀드라고 불리기도 한다. 거래방식은 주식과 동일하고, 운용방식은 펀드와 같아서 주식과 펀드의 장점만 뽑아서 만들어진 금융상품이 바로 ETF라고 할 수 있다.

주식은 셀프 요리, 펀드는 외식, ETF는 밀키트다

주식 투자는 '요리'와 많이 닮아 있다.

시장이라는 거대한 식재료 창고에서 어떤 재료(종목)를 고를지, 어떤 방식(분석)으로 손질하고 조리(매수·보유·매도)할지 모두 스스로 결정해야 한다. 엄청나게 맛있는 요리(투자수익 대박)를 성공시킬 수 있지만 재료를 잘못 고르면 탈이 나고, 조리법을 실수하면 맛은커녕 먹을 수도 없는 음식이 나오기도 한다. 하지만 언제든지 내가 원하는 재료로 요리를 만들 수 있어서 고기를 좋아하면 굳이 야채를 넣지 않고 만들어도 된다. 따로 인건비도 들어가지 않으니 비용 측면에서도 가장 저렴한 편에 속한다.

펀드는 그와 정반대다. 비용을 지불하면 전문 셰프(펀드매니저)가 코스 요리를 준비해준다.

재료를 직접 고르고 어떤 요리를 만들어낼 지 고민할 필요는 없지만, 고급 레스토랑이 비싸듯 수수료가 높고, 어떤 요리가 나올지 선택의 자유는 줄어든다. 그리고 때로는 내 입맛에 맞지 않는 실망스러운 결과를 내놓기도 한다.

그렇다면 ETF는 무엇일까? ETF는 '밀키트'에 가깝다. 전문가가 준비해둔 재료와 조리법이 모두 들어 있고, 나는 그대로 따라 하기만 하면 훌륭한 결과물을 만들 수 있다. 직접 조리에 비해 번거로움은 줄어들고, 외식에 비해서 비용도 낮다. 요리 실력이 부족한 사람도 5분 안에 맛있는 요리를 완성할 수 있듯이, ETF는 투자에 서툰 사람도 쉽게 시작하고 결과를 만들어갈 수 있는 효율적인 도구다.

ETF도 펀드인데, 기존 펀드와 다른 점은 무엇인가?

우선 운용방식에서 차이가 크다. 펀드라는 금융상품은 불특정 다수의 투자자들로부터 투자금을 받아 펀드매니저라는 전문인력이 알아서 운용을 해주고, 그 결과를 나누어 가지는 개념이다. 이때 종목 선택과 비중, 매매타이밍은 펀드매니저의 판단에 따라 달라진다. 그래서 펀드의 성과는 펀드매니저의 역량에 따라 차별화된다. 하지만 역설적으로 펀드매니저의 판단이 잘못될 경우 펀드투자자들도 투자실패를 할 수 있다는 리스크가 존재한다.

그래서 펀드매니저의 역량에 영향을 받지 않는 펀드가 나왔다. 바로 인덱스 펀드라는 것인데 특정 지수(코스피200, 나스닥100 등)와 동일한 구성종목으로 운영되기 때문에 펀드매니저가 사실 상 필요하지 않은 펀드이다. 예를 들어 코스피지수가 삼성전자 30%, 현대차 30%, SK하이닉스 20%, 네이버 20%로 구성된 지수라고 가정하면, 코스피지수를 추종하는 인덱스 펀드의 구성종목도 삼성전자 30%, 현대차 30%, SK하이닉스 20%, 네이버 20%로 동일하게 구성된다.

인덱스 펀드의 연장선이 ETF이다. ETF는 특정 지수(인덱스)의 구성종목을 복제한다.

○ **ETF 브랜드 종류**

ETF 브랜드 명	ETF 설명
KODEX 미국S&P500	S&P500 지수에 포함된 500개 기업에 동일한 비중으로 분산투자
KODEX 미국나스닥100	나스닥100 지수에 포함된 100개 기업에 동일한 비중으로 분산투자
TIGER 200	코스피200 지수에 포함된 200개 기업에 동일한 비중으로 분산투자
TIGER 차이나CSI300	중국 CSI300 지수에 포함된 300개 기업에 동일한 비중으로 분산투자
ACE 베트남VN30	베트남 VN30 지수에 포함된 30개 기업에 동일한 비중으로 분산투자

이처럼 특정 지수를 추종하면 되기 때문에 펀드매니저가 개입할 여력이 없다. 그로 인해 운용보수가 저렴하고, 시장 외에 다른 변수가 ETF의 성과에 영향을 미치지 않기 때문에 투자자는 시장에 집중하기만 하면 된다. 그래서 펀드와는 달리 수많은 종목을 만들어 낼 수 있다. 다양한 컨셉의 기초지수(코스피, 나스닥, 전기차, AI 등)만 만들어내면 해당 기초지수를 추종하는 ETF를 얼마든지 만들어 낼 수 있다.

왜 ETF가 '혁신'인가?

ETF는 1993년 미국에서 처음 출시된 이후 전 세계적으로 빠르게 성장했고, 2025년 현재 **전 세계 ETF 운용자산 규모는 12조 달러(약 1경 6천조 원)**를 넘어섰다. 국내에 상장된 ETF도 900여 개에 이르고 있고, 지금도 매달 새로운 ETF가 상장되고 있다. 이렇게 ETF가 투자시장의 대세로 자리를 잡게 된 이유는 명확하다.

○ **ETF의 장점 비교 설명**

장점	설명
낮은 수수료	펀드 대비 매우 저렴한 운용보수(0.05~0.3% 수준)
분산 투자	하나의 ETF로 수십 개 자산에 자동 분산 가능
유동성	주식처럼 언제든 매수·매도 가능
투명성	구성 종목과 비중이 매일 공개됨
다양성	지수형, 테마형, 배당형, 채권형, 인컴형 등 수천 종

특히 은퇴자금, 노후준비와 같은 장기투자 목적에는 ETF의 **'낮은 비용 + 안정성 + 자동 분산 + 실시간 대응'**이라는 조합이 매우 강력한 무기가 된다.

실제로 ETF는 어떻게 생겼을까?

○ **ETF의 실제모습**

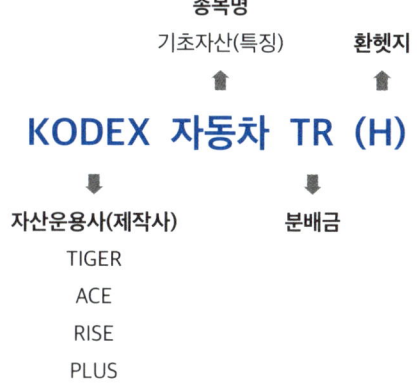

ETF는 주식처럼 거래하는 방식인데, 실제로 MTS나 HTS(주식거래 프로그램)에서 주식과 함께 다양한 위와 같은 모습의 ETF 종목들이 거래되고 있는 모습을 볼 수 있다. 각각 어떤 의미가 있는 것인지 알아보자.

브랜드/자산운용사

맨 앞 영문은 해당 ETF를 만든 자산운용사의 브랜드 명칭이다. KODEX는 '삼성자산운용', TIGER는 '미래에셋자산운용'의 ETF 브랜드이다. 그 밖에 다양한 ETF 브랜드가 있다.

종목명

종목명에서 해당 ETF가 어떤 기초지수(인덱스)를 추종하는지, 투자전략과 컨셉 등이 무엇인지 파악할 수 있다. 예를 들어 '한국자동차'라는 명칭이라면 한국 자동차 산업과 관련된 주식들을 모아서 지수를 만들었고, 해당 지수를 추종하는 종목이라는 것을 알 수 있을 것이다. '미국 전기차'라면 미국의 전기차 생산기업과 전기차에 필요한 부품과 소프트웨어를 생산하는 기업들을 모아서 지수를 만들었을 것이다. 그리고 해당 종목에 테슬라가 빠지지 않을 것이라는 것도 짐작해볼 수 있다.

분배금

ETF도 주식의 배당처럼 분배금을 지급하는 종목과 분배금이 없는 종목으로 구분된다.

분배금을 지급하는 종목은 PR$^{\text{Price Return}}$, 분배금을 지급하지 않고 다시 재투자하는 종목을 TR$^{\text{Total Return}}$이라고 한다. 종목명에서 구분하는 방법은 TR이 있으면 TR 종목이고, 아무런 표시가 없으면 PR 종목이다. 참고로 세법개정으로 인해 TR 종목은 국내주식형 ETF에만 있으며 그 외 자산에 투자하는 종목은 TR을 만들 수 없게 되었다.

PR ETF는 정기적으로 분배금을 받아 현금흐름을 만들고 싶어하는 투자자에게 적합하다. 연금처럼 분배금을 받아 생활비로 활용할 수 있기 때문에 은퇴를 한 투자자들에게 인기가 많다. 또한 투자전략의 일환으로 주가변동이 안정적이지만 분배금을 많이 지급하는 PR ETF에 투자한 뒤, 매달 나오는 분배금으로 변동성이 높은 ETF에 재투자를 하는 투자전략을 구사하기도 한다. 단, 대부분의 ETF에서 분배금을 받을 때마다 세금이 발생하기 때문에 재투자 효과가 떨어질 수 있다는 점에 주의하자.

반면 TR ETF는 분배금이 자동으로 해당 종목이 추종하는 기초지수에 재투자를 하기 때문에 자산을 형성해야 하는 투자자에게 적합하다. 분배금이 외부로 나오지 않기 때문에 세금 없이 재투자가 가능하여 복리효과를 극대화할 수 있다는 장점이 있다. 또한 매번 번거롭게 분배금을 다른 종목에 재투자를 해야 하는 번거로움도 없다.

○ **분배금 방식 차이**

분배금(배당금)	
PR(Price Return)	TR(Total Return)
일정 주기마다 분배금 지급	분배금 자동으로 재투자
• 현금흐름이 필요한 투자자에게 적합 • 일정 수준이상 투자금인 경우 유효	• 자산형성이 필요한 투자자에게 적합 • 소액투자자에게 적합 • 국내자산만 가능

환헷지 여부

환헷지란, 환율이 출렁거릴 때 생기는 손해를 막기 위한 안전장치이다.

특히 요즘은 해외자산에 투자하는 경우가 많은데, 이때 원화가 아닌 달러 등으로 해외자산을 매수해야 하기 때문에 환율의 움직임이 ETF 수익률에 영향을 미치게 된다.

예를 들어 미국주식에 투자하는 ETF를 환율이 1,000원일 때 샀다고 가정해보자. 다행히 미국주식이 10% 상승했다. 그런데 환율이 800원으로 하락했다. 이 경우 투자자의 최종 수익률은 '-10%'이다. 미국주식에서 10% 성과를 얻었지만 환율이 내려가서 다시 20% 손실을 입었기 때문이다. 그래서 단순하게 계산했을 때 투자자는 약 10%의 손실을 입었다. 이러한 환율 리스크를 차단해주는 것이 환헷지이고, ETF 종목명에 'H'가 없으면 환헷지를 하지 않아 환율에 노출되는 종목, 있으면 환헷지가 가능한 종목이다.

환율의 움직임이 늘 위험요소가 되는 것은 아니다. 위 예시에서 만약 환율이 1,200원으로 상승했다고 가정하면 투자자의 ETF 성과는 환차익까지 얹어져 약 30%로 늘어나게 된다. 하지만 환헷지를 하게 되면 이렇게 환율 상승으로 인한 이익도 포기하게 되는 것이다.

○ **환헷지에 따른 차이**

구분	환헷지 ETF	비헷지 ETF
환율 변동 영향	없음(차단됨)	있음(수익률에 영향)
장점	환율 하락에 따른 추가 하락을 막을 수 있다.	환율 상승 시 추가 이득 가능
단점	환율 상승 시 이익을 못 봄, 추가 비용 발생	환율 급락 시 수익률 악화 가능

ETF로 투자할 수 있는 것들

ETF. 이제는 '못하는 투자'를 찾는 게 더 어렵다. ETF는 이제 단순히 주식시장에 투자하는 수단을 넘어섰다. 어느새 우리는 **ETF를 통해 거의 모든 자산에 투자할 수 있는 시대**에 살고 있다. ETF로는 도대체 어디까지 투자할 수 있을까? 놀라울 만큼 다양하다.

주식? 기본 중의 기본
- 국내 주식은 물론, 미국·유럽·중국·신흥국 등 해외 주식시장에도 손쉽게 투자할 수 있다.
- "나는 2차전지만 믿는다!" → 2차전지 ETF

○ ETF로 투자 가능한 섹터들

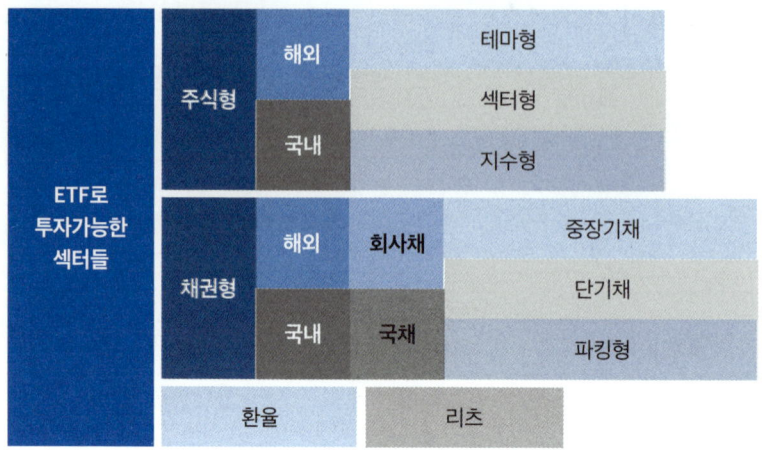

- "반도체만 골라 담고 싶어!" → 반도체 ETF
- 섹터별, 테마별, 성장주 중심 등 원하는 스타일로 골라 담을 수 있다.

오를 때만 투자하란 법 없다 - 레버리지 & 인버스

- 2배 수익을 추구하는 레버리지 ETF
- 주가가 하락하면 오히려 수익이 나는 인버스 ETF도 존재한다.
- 시장의 방향성에 따라 전략적으로 활용할 수 있는 능동적 ETF 투자도 가능하다.

채권도 ETF로 간편하게

- 채권은 원래 복잡하고 어렵지만, ETF를 활용하면 이야기가 달라진다.
- 국채, 회사채, 장기채, 단기채까지 모두 ETF 한 종목으로 쉽게 접근 가능하다.
- 특히 시장 불확실성이 클 때 자산을 안전하게 배분하는 데 유용하다.

통화(화폐)도 투자 대상이다

- 달러, 유로, 엔화 등 주요 외환에 투자하는 ETF도 있다.
- 환율 상승/하락에 베팅하거나, 글로벌 포트폴리오의 환리스크를 관리할 때 활용된다.

금, 석유, 농산물? 원자재도 OK

- 금·은·구리·석유·천연가스 같은 원자재도 ETF로 투자할 수 있다.
- 예전 같으면 선물계좌를 열고 복잡하게 투자했어야 했지만, 이제는 ETF 한 종목만 사면 간단히 해결된다.

심지어 부동산도 가능하다

- 국내외 리츠(부동산투자신탁) ETF를 통해 실제 건물이나 상업용 부동산에 투자하는 효과를 누릴 수 있다.

- 임대수익 + 배당 + 시세차익을 모두 노릴 수 있는 안정적인 투자 수단이다.

한국에만 약 900여 가지의 ETF 종목이 상장되어 있다

한국에서도 ETF 시장이 빠르게 성장하고 있다. 이미 900여 개의 종목이 상장되어 거래되고 있기 때문에 원하는 투자컨셉이 없어서 미국에 상장된 ETF를 매수해야 하는 번거로움을 요즘에는 겪을 일이 거의 없다.

○ ETF 종류들

국내투자	해외투자	기타투자
KODEX 200 KODEX 레버리지 TIGER 200IT RISE AI&로봇 PLUS 코스피TR	KODEX 미국S&P500 TIGER 미국나스닥100 ACE 미국배당다우존스 TIGER 인도니프티50 KODEX 미국반도체	KODEX 금액티브 ACE KRX금현물 KODEX 은선물 TIGER 구리실물 TIGER 원유선물Enhanced(H)
RISE 코리아밸류업 KODEX 삼성전자채권혼합 PLUS K방산 SOL 조선TOP3플러스 KODEX 반도체	ACE 베트남VN30 KODEX 미국서학개미 TIGER 일본니케이225 SOL 미국AI전력인프라 KWWOOM 미국양자컴퓨팅	KODEX 콩선물 RISE 팔라듐선물(H) SOL 국제금 TIGER 금은선물(H) KODEX WTI 원유선물(H)
TIGER 2차전지소재Fn KODEX AI전력핵심설비 HANARO Fn-K반도체 TIGER 헬스케어 ACE KPOP포커스	TIGER 글로벌혁신블루칩TOP10 ACE 중국본토CSI300 RISE 미국S&P500(H) RISE 버크셔포트폴리오TOP10 KODEX 차이나테크TOP10	KODEX CD 금리액티브 1Q 머니마켓액티브 TIGER KOFR 금리액티브 ACE 미국30년국채익티브(H) RISE 금융채액티브

펀드 대신 ETF를 선택해야 하는 6가지 이유 |2|

떠오르는 트렌드 투자 상품, ETF

펀드는 오랜 시간 동안 많은 투자자들이 선택해온 대표적인 간접투자상품이었다. 사회초년생이 되면 적립식 펀드 하나쯤은 준비하는 게 재테크 트렌드이기도 했다. 펀드의 인기 배경으로는 '내가 직접 주식에 투자하기는 어렵고, 전문가가 내 돈을 대신 불려주면 좋겠다'는 기대 아래 선택되었고, 실제로 한때는 가장 효과적인 투자 방식으로 인정받기도 했다.

하지만 지금은 2025년이다. 펀드보다 훨씬 효율적이고 진화된 금융상품이 이미 존재한다. 바로 ETF, 상장지수펀드다. 최근에는 연금저축계좌나 IRP에서도 펀드 대신 ETF를 선택하는 투자자가 많아졌다.

왜 이렇게 빠른 속도로 펀드는 밀려나고 ETF가 대세가 되었는지, 그 이유를 지금부터 차근차근 살펴보자.

펀드는 느리다, ETF는 빠르다

펀드에서 돈을 인출하기 위해 환매(해지)를 하면 현금은 투자자 통장에 언제쯤 들어올까? 국내주식형 펀드라면 이틀이 소요되고, 해외주식형 펀드라면 열흘 가까이 시간이 소요된다. 이렇게 느린 현금화 속도는 일반적인 상황에서는 큰 문제가 되지는 않는다. 미리 자금계획을 짜고 미리미리 환매 신청을 해두면 되니까. 하지만 문제는 금융시장이 급변할 때 발생한다. 만약 오늘 주가가 급락하여 기존 A펀드를 환매하고, B펀드로 돈을 옮기는 것이 더 나은 전략이라고 판단했을 때 펀드투자자는 이 전략을 실행할 수 있을까? 할 수 없다. 왜냐하면 돈은 빨라야 이틀 뒤에 나오기 때문이다. 이렇게 펀드라는 금융상품은 급변하는 금융시장에서 신속하게 대응하는 것이 구조적으로 불가능하다.

하지만 ETF는 빠르다. 주식처럼 실시간 거래가 가능하다. 오전 10시에 매수하고, 10시 1분에 매도하여 얻은 돈으로 다른 종목을 매수할 수 있다. 펀드는 오늘 오전에 환매 신청을 하면 오후 종가를 기준으로 최종수익률이 정해지지만 ETF는 주식처럼 실시간 가격으로 거래를 할 수 있다. 오후에 주가가 더 하락할 것 같은 예감이 들면 오전에 매도를 할 수 있는 민첩성이 펀드와 비교했을 때 가장 큰 장점이다.

수수료는 낮고, 효율성은 높다

펀드는 보통 연간 1~2% 수준의 운용보수가 발생한다. 물론 지불한 비용만큼 펀드매니저의 역량이 탁월하여 스스로 주식투자를 하는 것보다 월등히 높은 투자성과를 보여준다면 아깝지 않은 비용일 수 있다. 하지만 펀드의 성과는 인덱스 지수와 거의 흡사한데 비용만 높은 것이라면 장기적으로 투자성과를 상당히 갉아먹는 요소가 될 수 있다. ETF는 대부분 지수를 추종하는 패시브 전략을 사용한다.

 덕분에 운용 인건비가 거의 들지 않기 때문에 운용보수가 0.05~0.5% 수준으로 펀드와 비교했을 때 상당히 낮은 수준을 보이고 있다. 연간 1%씩 비용을 더 지불하느냐 아끼느냐에 따라 30년 후 만들어지는 노후자금의 크기는 여러분이 생각하는 것보다 상당히 많이 벌어진다. 그래서 간접투자상품의 운용보수는 가급적 저렴한 것이 투자자 입장에서는 유리하다.

ETF는 더 투명하고 명확하다

 펀드는 대부분 한 달에 한 번 보유종목을 공개한다. 그마저도 일부 정보는 요약되어 나오는 경우도 많다. 물론 펀드는 펀드매니저의 역량에 따라 성과가 달라지는 구조이고, 구성종목은 펀드매니저만의 노하우이기 때문에 실시간으로 구성종목을 공개할 수 없다. 만약 실시간으로 종목을 공개한다면 그 누구도 펀드에 투자하지 않을 것이다. 해당 펀드의 구성종목을 참고하여 직접 주식을 거래하면 되기 때문이다. 반면 ETF는 매일 보유 종목과 비중을 공개한다. 투자자는 지금 내 돈이 어디에, 얼마만큼 투자되고 있는지를 명확하게 파악할 수 있다. 그래서 신뢰와 투명성에서 ETF는 펀드를 앞선다.

가입/환매 절차? ETF는 즉시 거래한다

 펀드에 투자하고 싶다면 '가입'이라는 절차가 필요하다. 얼마를 투자할지, 투자기간은 어느 정도인지, 투자성향은 어떠한지, 상품

설명서는 다 읽었는지, 원금손실에 대한 가능성은 인지하고 있는지 등 투자자 보호를 위한 절차를 다 거쳐야 펀드에 가입할 수 있다. 펀드에서 돈을 인출하는 환매 절차 역시 여러 단계를 거쳐야 신청이 가능하다.

반면 ETF는 주식창에서 바로 지금 투자(거래)할 수 있다. 원하는 종목이 현재 2만 원이라면 매도하고 싶은 수량만 입력하면 끝난다. 펀드에 투자하는데 걸리는 시간이 5분에서 10분이라면 ETF는 5초에서 10초만에 끝난다. 물론 ETF를 현금화하는 절차도 마찬가지로 빠르다.

ETF의 메뉴가 훨씬 다양하다

펀드가 백화점이라면 ETF는 쿠팡이다.

세계각국의 지수, 테마형, 섹터형, 배당주, 원자재, 채권, 환율, 부동산 등 거의 전세계 모든 자산에 투자할 수 있다.

- 코스피·나스닥·S&P500 같은 **대표 지수 추종 ETF**
- 반도체·전기차·2차전지 등 **섹터·테마 ETF**
- 금·원유·구리·농산물 등 **원자재 ETF**
- 달러·엔화·유로 등 **통화 ETF**
- 리츠REITs를 통한 **부동산 ETF**
- 국채·회사채·단기채 등 **채권 ETF**
- 심지어는 **레버리지, 인버스, 커버드콜 전략 ETF**까지

ETF로 투자할 수 없는 영역을 찾는 게 더 쉬울 정도이다.

다양한 인출 계획을 수립할 수 있다

펀드에서 매달 정기적으로 돈을 인출할 수 있는 방법은 사실 마땅치 않다. 월배당 펀드가 있기는 하나 종류도 다양하지 않고, 점점 사라지는 추세라서 더더욱 그러하다. 그래서 번거롭지만 매달 부분환매를 신청하는 것이 거의 유일한 방법이다.

하지만 ETF는 월배당 ETF가 많다. 월배당 ETF는 매달 분배금을 지급해주는 종목으로 마치 연금처럼 꾸준한 현금흐름을 만들어낼 수 있어 은퇴한 사람들에게 많이 활용되고 있다. 월배당의 다양성도 증가하는 추세이다. 월말에 분배금을 지급해주는 ETF, 월중에 분배금을 지급해주는 ETF, 커버드콜 전략을 활용하여 연간 10% 이상의 분배금을 기대할 수 있는 ETF까지 생기면서 투자자들의 선택지를 넓혀주고 있다. 월배당 ETF에 대해서는 뒤에서 좀 더 상세히 다

○ **펀드와 ETF의 비교**

항목	펀드	ETF
거래 방식	가입신청/환매 방식	실시간 주식처럼 매매
운용보수	1~2% 수준	0.05~0.5% 저렴함
종목 투명성	월 1회 공개	매일 실시간 공개
투자 선택지	제한적	수백 개 ETF로 거의 무제한
환매 유동성	느림	즉시 현금화 가능
절세 계좌 운용	연금/ISA 활용가능	연금·ISA 활용 가능

루도록 하겠다.

ETF는 더 이상 '주식투자의 보조수단'이 아니다. **펀드의 단점과 주식의 리스크를 모두 보완한 스마트한 투자도구**다. 노후준비를 위한 장기투자에서는 특히 그 장점이 극대화된다.

지금까지 펀드에 머물렀다면, 이제는 ETF로 투자 지도를 한 단계 넓혀야 할 때다.

알아야 아낀다.
ETF 세금의 이해와 절세전략 |3|

ETF 세금의 구조

돈이 있는 곳에는 늘 세금이 있다. 재테크로 돈을 벌어도 세금을 내야하고, ETF도 당연히 세금이 존재한다. 그리고 세금에 대해서 정확하게 이해하고 있어야 세금을 아낄 수 있는 절세전략을 계획할

○ ETF 세금 구조

	국내주식형	그 외
기초자산	국내주식	해외주식, 채권, 파생상품, 원자재 등
매매차익	비과세	배당소득세 15.4% (실제매매차익, 보유기간과표차익 중 가장 작은 금액만)
분배금		배당소득세 15.4% (국내주식 차액, 국내주식옵션 차액은 제외)

170 ··· 즐길 것인가 준비할 것인가

수 있다. 이번에는 ETF 투자 시 발생하는 세금 구조와 절세방법에 대해서 알아보도록 하자.

ETF를 세금으로 구분하면 크게 두 가지 카테고리로 구분된다. 국내주식형 ETF와 그 외 ETF이다.

먼저 매매차익에 대해 살펴보자. 국내주식형 ETF는 구성종목이 국내상장 주식으로 구성된 종목이다. 현행 세법상 국내상장 주식에서 차액이 발생할 경우 세금이 전혀 없는 비과세가 적용된다(대주주 제외). 삼성전자 주식을 사서 1억 원을 벌어도 세금이 전혀 없다는 의미이다. 그래서 국내주식형 ETF도 매매차익에 대해 당연히 세금이 없는 비과세가 적용된다.

국내주식에 투자하는 ETF를 제외한 모든 종목은 '그 외 ETF'로 구분한다. 해외주식, 원자재, 채권 등 다양한 기초자산에 투자하는 종목이 해당되는데, 매매차익에 대해서 '배당소득세 15.4%'가 적용된다. 이때 ETF 매수시점부터 매도시점까지 '과표기준가격'의 상승분과 실제로 발생한 매매차익 중에서 적은 금액에 대해 원천징수된다. 어쨌든 미국주식에 직접 투자하면 22%의 양도소득세가 부과되는 것에 비해 세율이 낮은 이점이 있다. 하지만 배당소득으로 잡히기 때문에 금융소득종합과세에 합산된다는 점에서 주의할 필요가 있다. 연간 금융소득이 2,000만 원을 초과하는 경우 금융소득종합과세 대상이 되는데, 초과분에 대해서는 근로소득 및 사업소득 등과 합산되어 과세되므로 세율이 높아질 수 있다.

정리하면 TIGER 200에 투자해서 매매차익 1,000만 원을 벌었다면 세금이 없고, TIGER 미국S&P500에 투자해서 매매차익 1,000만 원을 벌었다면 약 150만 원의 세금을 내야한다는 것이다(분배금 제외).

ETF 세금 FAQ · 잠깐 정리하기

- **국내주식형 ETF인데 세금이 있던데?**

  국내주식형 ETF라고 해도 구성종목이 100% 국내상장 주식으로 설정되는 것은 아니다. 유동성 대비를 위해 일부는 현금성 자산으로 보유하게 되는데 채권이나 예금에 현금을 보관하는 경우 이자소득이 발생된다. 그리고 이런 경우 이자소득세가 일부 적용되어 미미하게 세금이 발생하는 경우가 생긴다.

- **생각보다 세금이 적던데?**

  앞서 설명했듯이 ETF 매매차익에 대해서 배당소득세가 원천징수되지만, 과세표준금액이 단순히 매매차익만 기준을 삼는 것이 아니라 매수시점부터 매도시점까지 과표기준가격의 상승분과 비교해서 더 적은 금액에 대해서 과세하기 때문이다. 그래서 실제로 투자자가 얻은 차익보다 과표기준가격의 차익이 더 낮은 경우가 많아 마치 세금이 더 적은 것 같이 오인되는 경우가 많다.

다음으로 분배금이다. 주식에 투자하면 배당을 받을 수 있듯이, ETF에 투자하면 분배금을 지급해준다(모든 ETF가 분배금이 있는 것은 아니다). 분배금에 대한 세금도 원칙적으로 배당소득세가 적용되어 15.4%의 세금이 원천징수된다. 마찬가지로 금융소득종합과세에 합산되는 항목이다. 다만 일부 커버드콜 ETF, TR ETF의 경우 분배금의 재원이 비과세 항목인 경우가 있어 배당소득세를 절감할 수 있기도 하다. 이에 대한 부분은 잠시 후 자세히 다뤄 보겠다.

ETF 세금 아끼는 방법 3가지

ETF로 수익을 얻었다면 세금은 피할 수 없다. 하지만 투자자의 선택에 따라 **세금은 줄일 수 있다.** 이번에는 ETF 투자 시 실전에서 활용할 수 있는 **절세전략 세 가지**를 소개한다.

절세계좌를 활용하자

ETF에 투자하면서 세금을 절약할 수 있는 최고의 방법은 절세계좌를 이용해서 ETF 투자를 하는 것이다.

· 연금저축계좌/IRP

이 계좌에서 ETF를 거래할 경우 매매차익과 분배금에 대해서 전혀 과세되지 않는다. 연금을 수령하는 시점까지 세금을 미룰 수 있는 '과세이연' 효과를 얻을 수 있으며, 연금 수령시에도 연금소득세 3.3~5.5%로 저율과세가 적용된다.

· ISA(개인종합자산관리계좌)

연금계좌와 마찬가지로 만기 해지 시까지 ETF 매매차익과 분배금에 대해서 과세되지 않는다. 3년 이상 유지 후에는 200만 원(서민형 계좌는 400만 원)까지 비과세 혜택이 있고, 초과분에 대해서는 9.9% 분리과세가 적용된다. 절세계좌를 통해 세금을 미루는 것만으로도 적지 않은 복리 효과를 얻을 수 있다. 이런 작은 차이가 모이고 모여서 노후에 큰 차이를 만들어 낸다.

국내주식형 TR ETF를 활용하자

ETF는 분배금을 지급하는 종목이 많다. 문제는 분배금을 받는 순간 배당소득세 15.4%가 원천징수된다는 것이다. 그런데 모든 사람이 분배금을 받기 원하는 것은 아니다. 어차피 분배금을 받아도 다시 ETF를 매수하는 재투자를 하는 경우도 많다. 이러한 경우에 활용할 수 있는 ETF가 TR ETF이다.

○ **TR ETF와 PR ETF 차이**

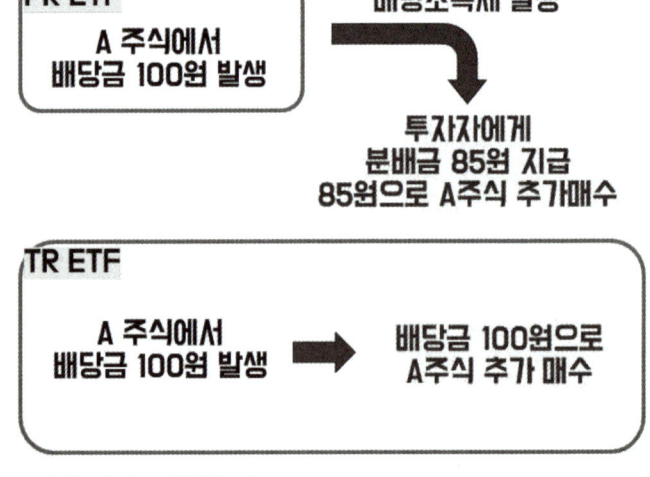

▲ 출처 : 유튜브 〈빽담화TV〉

TR ETF는 분배금을 투자자에게 현금으로 지급하지 않고 ETF 내부에서 다시 재투자를 한다. 이 과정에서 분배금이 ETF 외부로 나가지 않았기 때문에 배당소득세가 발생하지 않는다. 덕분에 분배금을 받아서 재투자하는 경우 대비 배당소득세만큼 주식을 더 살 수 있게 되는 것이다.

투자금 규모가 커졌을 때 TR ETF의 절세효과는 더욱 빛을 발한다. 연간 금융소득이 2,000만 원을 초과하는 경우 금융소득종합과세가 적용되기 때문에 세부담이 늘어날 수 있는데, TR ETF를 활용할 경우 보유기간 중 배당금이 밖으로 나오지 않기 때문에 배당소득세 부담없이 자산을 불릴 수 있다.

단, TR ETF는 국내주식형 ETF에 한해서만 가능하다는 점을 기억하자.

> **활용할 수 있는 TR ETF 종목 종류** ········· **잠깐 정리하기**
>
> KODEX 200 TR / TIGER 200 TR / ACE 200 TR / RISE 200 TR

커버드콜 ETF를 활용하자

커버드콜 ETF는 일반 ETF와는 달리 콜옵션을 매도해서 수익(옵션 프리미엄)을 추가로 확보하는 전략을 쓴다. 이 전략 덕분에 매달 투자자에게 안정적인 분배금을 지급할 수 있다. 그런데 이 분배금의 성격이 기존 ETF와는 다르다. 기존 종목은 분배금 재원이 주식에서 얻은 배당이다. 그래서 배당소득세를 피할 수 없다. 하지만 커버드콜(국내주식형) ETF의 분배금은 주식배당도 있지만 옵션 프리미엄이 많은 비중을 차지하는데 국내 세법상 국내주식 옵션 수익은 비과세가 적용된다.

예를 들어 A 커버드콜 ETF에서 분배금이 100이 지급이 되었는데, 100 중에서 옵션 프리미엄 수익이 80, 배당수익이 20이라고 가정할 경우 투자자가 부담해야 할 배당소득세는 100에 대한 15.4%가 아니라 20에 대한 15.4%만 지불하면 된다. 즉, 커버드콜(국내주식형) ETF를 활용할 경우 분배금 재원으로 활용된 수익 일부가 비과세 항목이기 때문에 세금을 절감할 수 있는 것이다.

ETF 투자는 수익률도 중요한데, 진짜 중요한 것은 '세후 수익률'이다.

내 손에 들어오는 돈은 세금을 제하고 들어온다는 사실을 잊지 말자. 그래서 세금 구조를 잘 알아야하고 세금을 합법적으로 줄일 수 있는 절세전략도 수익률 못지 않게 중요하다.

투자에 자신 없다면,
TDF로 '자율주행 투자'

| 4 |

ETF를 보완한 금융상품, TDF

ETF는 21세기 최고의 금융상품이라는 평가를 받는다. 하지만 한 가지 치명적인 약점이 있다. 바로 '선택지가 너무 많다'라는 것이다. 한국에만 상장된 ETF가 900가지 종목, 그 중에서 언제 어떤 종목을 매수하고 매도해야 하는지 결정하는 것부터가 막막함 그 자체다.

자율주행기술의 발전으로 네비게이션에 목적지만 설정하면 운전대를 잡지 않아도 목적지까지 편안하게 갈 수 있는 세상인데, ETF 투자도 '목표만 정하면 알아서 운용'되는 방식이 있으면 얼마나 좋을까? 그래서 세상에 나온 금융상품이 TDF이다.

TDF란?

Target Date Fund의 약자로 의미를 해석하면 목표 시점까지 자동으로 운용되는 펀드이다.

목표 시점(대개 은퇴 시기)에 따라 안전자산과 투자자산의 비중을 알아서 설정하고, 투자자산에 포함시킬 주식형 자산과 안전자산에 포함시킬 채권형 자산의 선택도 펀드가 알아서 선택하여 운용하게 된다. 시간이 지날수록 투자 성향이 점점 보수적으로 변화하도록 설계되어 있다. 처음에는 펀드 형태로 출시가 되었지만, 요즘에는 ETF 종목으로도 TDF가 상장되어 거래할 수 있게 되었다.

○ **TDF의 이해**

KODEX TDF 2030

ETF 브랜드   빈티지 (운용목표 날짜)

TDF 상품 이름 끝에는 항상 2030, 2040, 2050 등 숫자가 붙는다. 이 숫자를 빈티지라고 하는데 여러분의 은퇴 목표 연도를 뜻한다. 예를 들어 'TDF 2045'라면 2045년에 은퇴할 사람을 위한 상품이고, 'TDF 2030'은 5년 안에 은퇴할 계획인 사람을 위한 상품이다.

그럼 숫자(빈티지)가 달라지면 무엇이 달라지는 것일까?

자산배분 전략이 완전히 달라진다.

- 2030 TDF : 은퇴까지 5년 남았다 → 변동성 줄이고 안정적인 채권 비중 ↑
- 2050 TDF : 은퇴까지 25년 남았다 → 높은 수익률을 위해 주식 비중 ↑

TDF는 자산배분의 정석대로 움직인다. 투자기간이 짧으면 '안정성'에 초점을 맞추고, 투자기간이 길면 '수익성'에 초점을 맞춰 주식자산과 채권자산의 비중을 결정한다. 그래서 TDF ETF를 활용할 때는 빈티지를 본인의 은퇴 목표시점과 일치시키는 것이 정석이다.

현재 30대라면 2055, 40대라면 2045, 50대라면 2035정도가 적합할 것이다.

○ TDF 2035 자산배분 변화

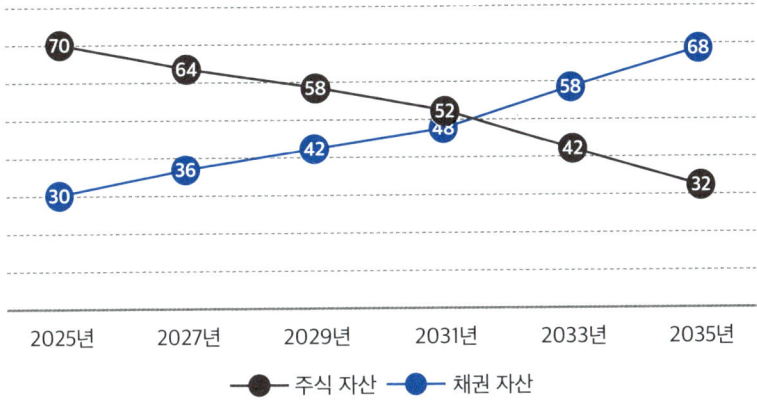

○ TDF 2050 자산배분 변화

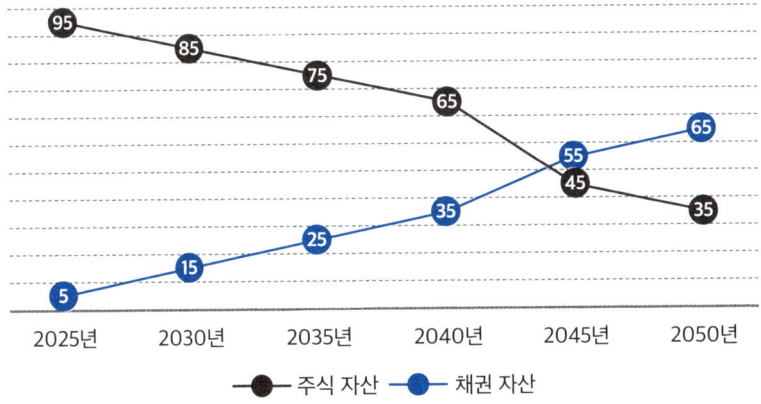

TDF의 자산배분은 어떻게 달라지나?

만약 TDF의 빈티지가 위와 같이 각각 '2035', '2050'이 있다고 가정해보자.

빈티지가 2035이라면 은퇴시기까지 10년 남았다는 것을 의미한다. 2025년 자산배분을 주식자산 70%, 채권자산 30%로 세팅하여 운용이 시작된다. 그리고 시간이 흐를수록 은퇴시점과 가까워지고 투자기간이 줄어드는 셈이니 위험관리를 위해서 매년 주식자산 비중을 줄이고 채권자산 비중을 늘린다. 결국 은퇴시점에 도달되면 채권 자산의 비중을 압도적으로 높이고 주식비중은 낮춰 주식의 변동성으로 인해 은퇴자산이 크게 흔들리지 않도록 세팅된다.

반면 2050 TDF ETF의 자산배분은 좀 더 공격적으로 세팅된다. 아직 은퇴 시점까지 25년이라는 충분한 기간이 남아있기 때문에 시작시점의 자산배분을 주식 자산 90%로 세팅하는 공격적인 배분이 가능하다. TDF의 자산배분은 앞에 나온 그림과 같이 변한다.

물론 앞의 그림은 예시일 뿐이며 TDF를 운용하는 자산운용사마다 전략이 다르기 때문에 빈티지가 동일하다고 해도 자산배분의 비중을 달라질 수 있으며, 매년 자산배분의 변화폭 역시 자산운용사마다 다를 것이다.

TDF는 시간이 흐를수록 스스로 자산배분을 조절한다. 그래서 투자자가 중간에 '포트폴리오 조정'을 따로 신경 쓸 필요가 없다. 자동으로, 알아서, 효율적으로 운용되는 자동자산배분 펀드, 이게 바로 TDF가 '자율주행 투자'라고 불리는 이유다.

○ 기간별 성과 비교

종류	KODEX 200	KODEX 미국S&P500	KODEX TDF2050
1개월	3.46%	7.08%	4.09%
6개월	5.70%	-3.18%	1.29%
12개월	-4.83%	12.22%	10.82%

▲ 2025.5.23. 기준

주요 지수와 TDF ETF 수익률을 비교해보았다.

한국 대표지수와 미국대표지수 그리고 TDF ETF의 1년 성과를 비교해보니 코스피지수를 추종하는 KODEX 200이 가장 부진한 모습이고, 미국대표지수를 추종하는 KODEX 미국S&P500이 가장 높은 성과를 보여주었다.

빈티지 2050으로 공격적인 자산배분이 가능한 KODEX TDF2050은 KODEX 미국S&P500 성과와 비슷한 모습을 보이면서도 하락장에 안정성이 높은 모습을 보여주었다. 자산배분의 효과가 잘 나타나고 있음을 확인할 수 있는 성과 차이다.

TDF ETF는 누구에게 좋을까?

투자 경험이 부족한 사람

처음 투자에 발을 들여놓은 사람이라면 무엇을, 얼마나, 언제 사야 할지 결정하는 것 자체가 큰 부담이다. ETF가 아무리 좋은 금융상품이라 하더라도 종목 선택의 부담과 시장 흐름을 따라가는 스트레스는 여전히 존재한다.

이럴 때 TDF는 좋은 해답이 될 수 있다. 은퇴 시기만 정해두면 전문가가 알아서 자산을 운용해주고, 시간에 따라 포트폴리오도 자동으로 조절된다. **스스로 판단하고 매수·매도 타이밍을 잡아야 하는 스트레스에서 벗어날 수 있다.** 쉽게 말해, "ETF 투자는 하고 싶지만 뭘 해야 할지 모르겠다"는 사람에게 TDF ETF는 가장 친절한 첫 투자 도구가 되어준다.

자산배분이 어려운 사람

투자 수익률의 90%는 자산배분에서 나온다는 말이 있을 정도로, 자산배분은 투자 성과의 핵심 요소다. 하지만 현실에서는 '주식 몇 %, 채권 몇 %'를 어떻게 배분해야 할지 감조차 오지 않는 경우가 많다. 더구나 투자 기간이 길어질수록 자산배분 전략도 달라져야 한다. 초기에는 주식 중심으로, 은퇴가 가까워지면 채권 중심으로 '점진적인 리밸런싱'이 필요한데, 이런 포트폴리오 조정을 스스로 하기는 어렵고 번거롭다. TDF는 이 모든 과정을 자동으로 수행한다.

투자자가 별도로 신경 쓰지 않아도 시간의 흐름에 따라 위험자산과 안전자산의 비중을 조절해주기 때문에 자산배분에 대한 부담 없이 장기투자가 가능하다.

장기적으로 연금계좌로 투자하려는 사람

TDF는 기본적으로 장기 투자에 최적화된 상품이다. **'지금 투자해서 은퇴 시점까지'**라는 뚜렷한 목표를 중심으로 운용되기 때문에 특히 연금저축계좌나 IRP같은 연금계좌에서 활용하면 그 효과가 극대화된다. 은퇴 시점까지 장기 투자하며, 투자 기간 내내 자산을 불리면서 동시에 세금도 아끼고, 은퇴 후에는 연금처럼 꾸준한 수익을 만들어주는 정교한 투자 시스템이 바로 TDF다.

특히 연금계좌 내에서 TDF를 활용하면 **'자산배분 자동화, 세금 이연 및 절세, 은퇴시점에 맞춘 맞춤형 운용'** 1석 3조의 효과를 기대할 수 있다.

ETF 투자 전 꼭 알아야 할 5가지 | 5 |

ETF에 관심이 생겨도 막상 시작하려면 궁금한 점이 생기기 마련이다. 이번에는 ETF에 처음 입문하는 사람들이 가장 많이 묻는 질문을 중심으로 하나씩 친절히 설명해보겠다.

Q1. ETF도 원금 손실이 날 수 있나요?

A. 그렇다. ETF도 주식처럼 원금 손실이 날 수 있다.

ETF는 펀드처럼 여러 종목에 분산 투자해 리스크를 줄일 수 있지만, 투자 자산의 가치가 하락하면 당연히 ETF 가격도 떨어진다.

예를 들어, **코스피200 지수를 추종하는 ETF**에 투자했는데 전체 시장이 급락했다면, ETF의 가격도 함께 하락한다.

다만 일반 개별 주식과는 달리 다양한 종목에 **자동으로 분산**되어 있어서 하나의 종목이 망했다고 해서 ETF 전체가 망하는 구조는 아니다. 이게 ETF의 장점이자, 원금 손실 가능성을 완화해주는 중요한 이유다. 또한 원금 손실 위험이 싫다면 채권형 ETF에 투자를 하면 원금을 지키는 투자가 가능하다. 다만 채권형 ETF 중 일부는 변동성이 큰 종목이며, 안정성 높은 채권형 ETF는 기대할 수 있는 성과가 예금 수준과 큰 차이가 나지 않는다. ETF도 손실이 날 수 있지만, 개별 주식보단 리스크가 낮다.

Q2. ETF는 어디서 사고팔 수 있나요?

A. 증권사 MTS 또는 HTS에서 주식처럼 거래할 수 있다.

ETF는 펀드지만 상장된 상품이기 때문에 주식과 똑같은 방식으로 사고팔 수 있다. HTS(홈트레이딩 시스템) 또는 MTS(모바일트레이딩 시스템) 앱을 설치하고, 종목 검색창에 원하는 ETF 이름이나 코드(KODEX 200, TIGER S&P500 등)를 입력하면 매수·매도가 가능하다.

매수·매도 시에는 가격을 지정하거나 시장가로 바로 거래할 수 있으며, 주식과 동일하게 **실시간 가격으로 거래**된다. 펀드처럼 '가입', '해지' 같은 복잡한 절차는 없다. ETF는 은행이 아닌, 증권사 앱에서 실시간으로 주식처럼 거래한다.

Q3. ETF는 소액으로도 투자할 수 있나요?

A. 당연하다. ETF는 '한 주 단위'로 살 수 있기 때문에 소액 투자도 가능하다.

예를 들어 TIGER 200TR ETF의 현재 가격이 12,000원이라면, 단돈 12,000원으로도 한 주를 매수할 수 있다. 주식처럼 1주 단위로 거래되기 때문에 1만 원, 5만 원 수준의 소액으로도 ETF 투자가 가능하다.

특히 사회초년생이나 월급을 받는 직장인이 '매달 일정 금액으로 ETF를 사 모은다'는 전략을 쓰기에도 매우 적합하다. 큰돈이 아니더라도 습관처럼 ETF에 투자하는 적립식 투자는 장기적으로 노후자산을 키우는 훌륭한 출발점이 된다. ETF는 커피값 한 잔으로도 시작할 수 있는 투자다.

Q4. ETF는 언제 사는 게 좋을까요?

A. 타이밍보다 중요한 건 '시간'이다.

ETF는 주식처럼 매수 타이밍을 잡으려고 고민하기 쉽다. 하지만 실제로 가장 성공적인 투자자들은 시장의 타이밍을 맞추기보다는 오랜시간 주식을 보유하며 시장에 머무른 사람들이었다.

ETF 투자로 노후자금을 성공적으로 마련하고 싶다면, **'언제 사느냐'보다 '얼마나 꾸준히 사느냐'가 훨씬 중요**하다. 이를 위해 정기적 분할 매수를 추천한다. 예를 들어 매달 10만 원씩 S&P500 ETF를 사 모은다면, 시장이 올라도 사고 떨어져도 사기 때문에 **평균 매입단**

가가 낮아지는 효과를 얻을 수 있다. 이것이 바로 '적립식 투자의 장점'이다. ETF는 타이밍이 아니라 꾸준함이 수익률을 만든다.

Q5. 레버리지 ETF로 장기투자 하면 더 유리한 거 아닌가요?

A. 레버리지 종목은 기초지수의 하루 움직임을 2배로 추종하는 종목을 이야기한다.

코스피200을 추종하는 ETF는 코스피200 지수가 1% 상승하면 해당 ETF도 1% 상승한다. 하지만 레버리지 종목은 2% 상승한다. 그럼 투자금을 2배 늘리는 효과와 같으니 적은 돈으로 수익을 극대화 할 수 있는 '레버리지 ETF로 장기투자 하는 것이 유리하지 않을까' 라는 생각을 하게 된다.

문제는 그 어떠한 지수도 하락 없이 상승하기만 하지 않는다는 것이고, 레버리지 종목은 하락할 때에도 2배로 하락한다는 것이다. 이러한 구조 때문에 레버리지 ETF에 장기투자를 하게 되면 오히려 손실을 기록할 수 있다는 점을 알아야 한다.

실제로 과거 데이터를 살펴보자.

○ **일반 ETF vs 레버리지 ETF**

종목명	누적수익률
TIGER 200	120%
KODEX 레버리지	62%

▲ 2010.3~2025.5까지 거치식 투자의 누적율.

무려 15년간 장기투자한 결과, 기초지수를 1배 추종하는 TIGER 200의 누적성과는 120%이다. 그런데 기초지수를 2배 추종하는 KODEX 레버리지 종목의 누적성과는 120%의 2배인 240%가 아니라 그 절반인 62%에 머물고 있다.

왜 이런 결과가 나오는 것일까? 기초지수가 크게 하락했을 때 레버리지 종목의 회복이 매우 더디기 때문이다. 만약 투자기간 중 주가가 30% 하락한다고 가정했을 때 KODEX 레버리지 종목의 손실률은 -60%가 된다. 1,000만 원을 투자했다면 400만 원이 된다는 것인데, 400만 원이 다시 1,000만 원으로 회복되기 위해서 필요한 수익률은 무려 250%이다.

그런데 TIGER 200에 투자를 했다면 투자원금 1,000만 원이 700만 원이 되었을 테고, 700만 원이 다시 1,000만 원으로 회복되기 위해서 필요한 수익률은 약 43%이다. 그리고 같은 기간 TIGER 200이 43% 상승하면 KODEX 레버리지의 상승률은 86%에 그칠 것이다. 하지만 KODEX 레버리지가 원금 회복을 하기 위해 필요한 수익률은 250%이기 때문에 기초지수가 다시 원점으로 돌아왔다고 해도 레버리지 종목은 여전히 손실구간에 머물게 되는 것이다.

투자자들은 명심해야 한다. 레버리지 ETF는 기초지수의 하루 움직임의 2배를 추종하는 것이지 누적 수익률이 2배가 되는 것이 아니라는 것을 말이다.

ETF는 어렵지 않다. 이제, 아주 작은 금액부터 투자로 한 발 내딛어보자.

> 돈 걱정없는 노후 STEP ⑤

나도 건물주처럼 될 수 있다. 배당으로 만드는 연금소득

09

걱정 없는 노후를 위해 개인연금을 준비하지만 과연 충분할까?

일단 개인연금에 불입할 수 있는 한도라는 게 존재하기 때문에 무한대로 돈을 넣을 수 없다. 그리고 연금만의 장점도 많지만 유동성 측면에서 불리함이 크다는 것도 사실이다. 그래서 우리는 더 완벽한 노후준비를 위해 다른 준비를 또 해야한다.

'연금처럼 꾸준한 현금흐름'을 만들자. 꼭 연금이라는 이름이 붙지 않았더라도, 매월 안정적인 소득이 들어오는 구조를 추가할 수 있다면 그것이야 말로 금상첨화가 아닐 수 없다. 그렇다면 어떻게 연금처럼 지속적인 소득을 만들어낼 수 있을까?

채권에 투자해 이자소득을 정기적으로 받거나, 배당주나 ETF를 통해 분기 또는 매월 배당금·분배금을 받을 수 있다. 또한 리츠REIT's에 투자하면 마치 건물주처럼 임대 수익에 기반한 분배금을 받을 수 있고, 임대수익형 부동산 투자를 통해 직접적으로 임대 수익을 확보할 수 있다.

이처럼 다양한 수단을 통해 '연금 같은 소득'을 만들 수 있는데, 이번에는 그 중에서도 실현 가능성과 활용도가 높은 수단인 미국주식, 월배당 ETF(커버드콜 ETF 포함), 그리고 리츠REIT's에 대해 자세히 알아보도록 하자.

주식에서 월급처럼 돈을 준다고? |1|

왜 주식이 '월급'을 줄까?

많은 사람들이 주식으로 돈을 벌려면 '주가가 올라야'만 가능하다고 생각한다. 그래서 주식투자는 결국 싸게 사서 비싸게 파는 것이 전부라고 믿는다. 하지만 잘 고른 주식은 투자자에게 자본이득 외에도 꾸준한 '현금 흐름'을 만들어낸다. 마치 월급을 주는 것처럼 말이다. 도대체 왜 주식이 월급을 줄까? 일단 주식에 대한 기본개념을 제대로 이해해보자.

기업은 왜 주식을 발행할까?

처음부터 돈이 넘쳐나는 기업은 없다. 그래서 사업을 확장하려면 외부에서 자본(돈)을 조달해야 하는데 그 방법은 크게 두 가지다. 빚을 지는 것(채권발행이나 은행 대출) 혹은 지분(주식)을 나눠주는 것이다. 즉, 어떤 회사의 주식을 보유하고 있다는 것은 단순한 투자 그 이상의 의미를 가지고 있다. 바로 그 회사의 일부를 소유하고 있다는 의미이다. 회사를 세운 창업자가 '이 회사를 함께 소유하자'라고 제안하고 그 제안을 받아들인 셈이다.

이익이 나면, 기업은 무엇을 할까?

회사가 장사를 잘해서 돈을 벌면 두 가지 선택을 할 수 있다.

첫 번째는 재투자다. 더 성장하기 위해서 공장을 짓거나, 연구개발을 하거나, 다른 기업을 인수하기도 한다. **두 번째는 주주환원이다.** 이익의 일부를 회사를 소유한(주식을 보유한) 주주들에게 돌려주는데 이 방식 역시 두 가지가 있다. 먼저 자사주를 사들여 주가를 끌어올리는 방법이다(자사주 매입). 이 방법을 쓰면 주가가 상승하기 때문에 주주들의 자산가치가 상승하게 되므로 회사의 이익을 주주에게 돌려준 것과 비슷한 효과를 얻을 수 있다.

다음은 현금으로 나눠주는 방법, 즉 배당금을 지급하는 것이다. 이 방법은 실제로 기업의 이익 중 일부를 현금으로 나눠 받기 때문에 보유한 주식을 처분하지 않아도 현금을 손에 쥘 수 있다는 장점이 있다.

이 중에서 바로 '배당금'이 '월급 같은 현금 흐름'의 핵심이다.

배당의 원리를 더 쉽게 이해해보자

친구가 스타벅스를 오픈하려고 하는데 돈이 부족했다. 그래서 그 친구는 여러분에게 두 가지를 제안한다. 본인에게 1억 원을 빌려주면 연 5%의 이자를 지급하겠다는 것과 본인에게 1억 원을 투자하면 지분 10%를 주겠다라는 제안이다. 여러분은 돈을 빌려주기보다는 투자를 하기로 결정했고, 스타벅스에서는 매달 1,000만 원의 순이익이 생겼다. 친구는 여러분에게 지분 10%에 해당하는 순이익의 10%를 현금으로 매달 지급했다.

돈을 빌려주면 소정의 이자와 만기 이후에 원금을 돌려받을 수 있지만 투자를 하면 원금을 돌려받지 못하는 리스크가 있지만 이자율보다 높은 배당을 받을 수 있다. 장사가 잘돼서 지분 가치가 상승하면 투자금 1억 원보다도 높은 자본이익 실현도 가능하다. 단 스타벅스가 망하면 투자금은 일절 돌려받을 수 없다. 주식도 마찬가지다. 여러분이 삼성전자든 애플이든 어떤 기업의 주식을 산다는 것은 그 회사의 소유자가 되는 것이다. 그 회사가 벌어들이는 이익의 일부, 지분만큼 여러분의 몫이 생긴다.

배당주는 어떤 주식인가?

주식이 다 똑같아 보이지만 특징에 따라 크게 성장주와 배당주로 구분된다.

그 중에서 배당주란, 일정 수준 이상의 배당금을 정기적으로 지급하는 기업의 주식을 말한다. 보통 매년 꾸준히 또는 분기별로 배당을 주는 기업들이 여기에 해당된다. 이런 배당주는 단순히 기업의 성장만 쫓는 것이 아니라, 안정적인 수익 흐름을 중요하게 생각하는 투자자들에게 특히 매력적인 선택지가 된다.

예를 들어, 미국의 대표적인 배당주는 다음과 같다.

- 코카콜라[KO] : 60년 넘게 배당을 한 해도 거르지 않고 지급
- 존슨앤존슨[JNJ] : 헬스케어 산업의 대표주자, 안정적인 배당 유지
- P&G[PG] : 생활용품 업계의 거인, 꾸준한 실적과 배당 지급

배당주는 어떤 산업군에 많을까?

배당주들은 대부분 현금흐름이 안정적인 기업 그리고 성숙한 산업군에 속한 경우가 많다.

예를 들어 경기변동에 덜 민감한 생활소비재, 에너지, 금융 업종에서 많이 발견된다. 이는 해당 기업들이 벌어들이는 이익이 꾸준하기 때문에 배당을 안정적으로 지급할 수 있기 때문이다.

○ 성장주 vs 배당주

항목	성장주(Growth Stock)	배당주(Dividend Stock)
기업 특징	빠르게 성장 중, 미래 수익 기대	안정적 수익, 실적 꾸준
수익 방식	주가 상승에 따른 시세차익	배당 수익 + 시세차익
산업군	기술, 플랫폼, 바이오 등	소비재, 헬스케어, 금융 등
예시	테슬라, 아마존, 엔비디아	코카콜라, P&G, AT&T

나는 미국 배당주를 더 선호한다

'배당주 투자'라고 하면 흔히 떠오르는 건 안정성과 현금흐름이다. 그런데 막상 국내 시장에서 배당주를 찾아보면 몇 가지 아쉬움이 생긴다. 배당성향이 낮고, 지급 시기가 들쭉날쭉하며, 정책도 불투명한 경우가 많기 때문이다. 그래서 많은 투자자들이 눈을 돌리는 곳이 바로 미국 배당주이다. 미국 배당주가 주목받는 이유는 단순히 '외국 주식'이라는 신선함 때문이 아니다. 다음의 4가지 강점을 보면, 왜 미국 배당주가 노후준비나 현금흐름 확보 수단으로 국내 배당주보다 적합한지 명확해진다.

배당지급의 역사와 신뢰성

미국에는 '배당귀족Dividend Aristocrats'이라는 별칭을 가진 주식들이 있다. 이들은 '25년 이상 연속으로 배당금을 늘려온 기업들'이다. 경기침체, 팬데믹, 금리변동에도 배당을 줄이기는커녕 오히려 늘려왔다는 점에서, 안정성과 주주환원에 대한 의지가 명확하다.

예로 코카콜라^{KO}, 존슨앤드존슨^{JNJ}, 프록터앤드갬블^{PG} 등은 수십 년간 배당금을 단 한 해도 줄이지 않았다.

반면 이런 배당 이력은 한국 주식시장에선 좀처럼 보기 힘든 모습이다. 국내 기업 중에는 배당을 10년 이상 꾸준히 늘려온 곳조차 매우 드물다.

분기배당의 편리함 : 정기적인 현금 흐름 확보

미국 대부분의 배당주는 분기마다 배당을 지급한다. 3개월마다 꼬박꼬박 입금되는 배당금은 정기적인 현금 흐름을 원하는 투자자에게 매우 유용하다. 종목 구성에 따라 은퇴 이후에는 마치 **'배당이 월급처럼'** 들어오는 구조를 만들 수도 있기 때문이다.

한국 기업은 대부분 연 1회 또는 반기에 한 번 배당을 지급한다. 심지어 일부는 연말 결산 후 이사회 결정을 거쳐야 하므로, 정확한 금액이나 지급 여부가 늦게 결정되기도 한다.

환차익 + 배당수익의 이중 기회

미국 배당주에 투자하면 단순히 배당금만 받는 것이 아니다. 원화 기준으로 투자했을 경우, 달러 가치 상승에 따른 환차익도 얻을 수 있다.

예를 들어, 주가와 배당은 그대로인데 환율이 1,200원에서 1,400

원으로 오르면, 배당금의 원화 환산액은 자연스럽게 늘어난다. 물론 환율은 항상 오를 수 없기에 이익이 될 수도, 손실이 날 수도 있지만, 장기적으로 달러 자산을 보유하는 것이 자산의 분산과 안정성 면에서 긍정적인 역할을 한다.

주주 친화적인 문화와 투명한 IR

미국의 배당주를 더 선호하는 가장 큰 이유이기도 하다. 미국 상장기업은 배당정책을 명확하게 공지하고, 배당성향이나 향후 계획도 투자자 대상 설명회IR 등을 통해 투명하게 공유한다. 그리고 배당 성향을 높이는 것이 기업의 '책임'처럼 여겨지는 문화가 정착되어 있다.

주가 상승보다도 배당금을 늘리는 데 더 많은 에너지를 쏟는 CEO들도 있다. 이는 주주가치 제고를 중시하는 미국식 기업문화에서 비롯된 결과이다. 미국 배당주가 절대적인 정답은 아니다. 국내 배당주 대비 리스크 요인도 분명하다.

- **환율 리스크** : 달러 약세가 지속되면 배당금을 환전했을 때 실질 수익이 줄어들 수 있다.
- **세금 문제** : 미국 배당금에는 15%의 원천징수세가 적용된다. 예를 들어 100달러를 받으면 85달러만 입금된다(한국 거주자는 미국과의 조세조약으로 15% 세율이 고정됨). 물론 국내 배당주도 배당소

득세가 부과된다. 다만 비과세 배당도 있고, ETF를 활용하는 경우 절세계좌(ISA 및 연금저축)를 활용하여 세금부담을 줄일 수 있다.

배당주 투자의 단점은 무엇일까?

성장성의 한계

고배당주는 대체로 안정적인 업종(필수소비재, 통신, 유틸리티 등)에 속한다. 이들은 폭발적인 성장을 기대하기 어렵고, 주가 상승률이 낮을 수 있다. 다시 말해 '성장주'가 아니라 '가치주'의 속성을 갖기 때문에 자본이득을 기대하기가 어렵다.

세금 부담

투자금이 크지 않으면 원천징수되는 배당소득세 부담이 크지는 않다. 하지만 연간 2,000만 원 이상의 배당소득이 발생할 경우 금융종합소득과세 대상자가 되기 때문에 세부담이 커질 수 있다.

배당 컷 위험

기업 실적이 악화되면 배당을 줄이거나 중단할 수 있다. 특히 고배당주 중 일부는 '배당을 유지하기 위해 무리하게 부채를 늘리는' 경우도 있어서 배당 지속 가능성을 항상 점검해야 한다.

심리적 안도감이 독이 될 수 있다

배당을 받는다는 이유로 해당 기업의 펀더멘털이 나빠졌는데도 계속 보유하는 경우가 있다. 배당금이라는 '현금의 달콤함'이 냉정한 판단을 흐리게 만들 수 있다.

노후준비에서 가장 필요한 건 지속적인 현금 흐름이다. 그래서 개인연금이 중요하지만 모든 돈을 개인연금만으로 굴릴 수는 없다. 다변화를 통한 분산이 필요하다. 그 중 하나가 바로 배당주 투자인 것이다. 노후자금을 모으기까지는 당장 배당금보다는 더 높은 수익률을 통한 시세차익이 중요하기 때문에 성장주를 활용하는 전략이 유효하고, 노후에 가까운 시점이 다가올수록 자산의 안정성과 현금 흐름을 만들기 위해 배당주의 활용이 필요해진다.

배당주에 투자를 하면 주가변동성은 높지 않아서 마음이 편하고 정기적으로 배당금을 지급해주니 마치 건물주와 같은 느낌을 받을 수 있다. 하지만 막상 배당주 투자를 시작하려면 고민이 깊어진다. 결국 좋은 배당주를 찾아야 하는데 말처럼 쉽지 않다.

좋은 배당주를 찾기 위해서 배당수익률, 배당성장률, 배당성향, 재무건전성… 수많은 지표를 분석하고 주가 하락 요인은 높지 않은지도 스스로 판단을 해야한다. 본업이 따로 있는 개인 투자자에겐 이 과정이 어렵고 시간 소요도 크다. 어렵게 공부를 하고 배당주 투자를 시작해도 시장 변화에 따라 갑자기 배당을 끊는 기업이 생길 수 있고, 배당률은 유지되지만 주가가 크게 하락하여 자본손실을 입기도 한다.

배당주 고르기 어렵다면 '월배당 ETF' | 2 |

배당주 투자를 좀 더 쉽게 할 수 없을까?

배당주 ETF가 대안이다. 말 그대로 여러 개의 배당주를 묶어서 하나의 상품으로 만든 상장지수펀드로서 배당주 ETF의 가장 큰 장점은 개인이 일일이 배당주를 고르지 않아도 된다는 점이다.

ETF를 개발하는 자산운용사들은 엄격한 기준으로 배당 포트폴리오를 구성한다. 예를 들어 고배당 ETF인 KODEX 고배당은 안정적인 대기업 위주의 배당주로 구성하여 연배당율 5%대를 기록하고 있고, KODEX 미국배당다우존스는 배당뿐 아니라 성장성과 수익성까지 고려해 종목을 선택한다.

ETF를 활용하여 배당주 투자를 했을 때 무엇보다 가장 큰 장점은 중간에 배당주 포트폴리오를 자산운용사에서 알아서 변경해준다는 것이다. 투자자가 정기적으로 기업의 재무제표를 분석하면서 배당주의 옥석을 고르지 않아도 된다.

이제는 월배당이 대세!

배당주 ETF 중에서도 특히 인기를 끄는 상품군이 있다. 바로 월배당 ETF다. 일반적인 배당주는 1년에 한 번 혹은 분기마다 배당을 지급한다. 기존의 배당주 ETF 역시 분기배당이 많았다. 하지만 월배당 ETF는 '매달' 배당금을 지급해준다.

월배당 ETF는 특히 월세·연금 등 정기 소득이 필요한 은퇴자에게 유리하다. 매달 일정한 금액이 입금되면 심리적인 안정감도 크다. 주가가 등락하더라도 '매달 들어오는 월급 같은 돈'이 있다는 사실만으로도 은퇴 후 삶의 불안을 상당히 줄일 수 있다.

절세까지 가능한 배당주 ETF

배당주에 직접 투자할 경우 사실상 절세방법이 마땅치 않다. 하지만 ETF를 활용해서 배당주에 투자하는 경우에는 다양한 절세계좌(ISA, IRP, 연금저축 등)를 이용할 수 있기 때문에 비과세, 과세이연 효과 등의 절세효과를 누릴 수 있다.

단, 절세계좌에서 배당주 ETF에 투자할 때 주의할 점이 있다. 우리가 배당주에 투자를 하는 이유는 정기적으로 배당을 받기 위함인데, 이를 절세계좌에서 투자하면 배당금을 외부계좌로 인출하기 어렵다. 절세계좌에서 외부계좌로 인출하기 위해서는 의무보유기간이 지나야 하거나, 세금을 내고 중도인출 등을 해야 한다. 즉, 당장은 배당금을 월급처럼 사용하기 어렵다는 것이다. 당장 연금처럼 배당소득이 필요한 투자자라면 이 점을 주의하도록 하자.

직접 배당주냐, ETF냐? 판단 기준은?

그렇다면 은퇴를 준비하는 투자자는 직접 배당주에 투자해야 할까, 아니면 ETF를 사야 할까?

이 질문에는 다음 기준으로 답해볼 수 있다. 나에게 맞는 배당주 투자 방법이다.

| 직접 배당주 투자에 적합한 사람 |

- 종목 분석에 자신이 있고 시간을 투자할 수 있는 투자자
- 포트폴리오를 능동적으로 조정하고 싶은 투자자

| ETF가 적합한 사람 |

- 간편하게 배당수익을 얻고 싶은 투자자
- 분산투자로 리스크를 낮추고 싶은 투자자
- 절세계좌를 적극 활용하고 싶은 투자자

사실 배당주와 ETF 중에서 반드시 하나만 고를 필요는 없다. ETF를 활용해서 종목발굴 등에 대한 시간을 줄이고, 분산투자 효과를 확보하면서 좀 더 높은 배당수익률을 위해 직접 배당주에 일부 자산을 투자하는 혼합 포트폴리오도 좋은 투자전략이 될 수 있다. 그리고 가장 중요한 것은 은퇴 후에 얼마의 현금흐름이 필요한지를

기준으로 포트폴리오를 설계하는 것이다.

1억 원 넣으면 매달 100만 원? 커버드콜 ETF의 매력과 함정 | 3 |

커버드콜 ETF란 무엇인가?

최근 투자 커뮤니티나 유튜브, SNS에서 가장 핫한 키워드 중 하나가 바로 '커버드콜 ETF'다. '1억 원으로 매달 150만 원 받는 방법!', '연 19% 배당율 얻는 방법!', '5년만에 1억 원 만들기' 등과 같은 자극적이고 유혹적인 표현과 함께 다양한 콘텐츠로 제작되어 퍼지고 있다. 자칫 거짓정보처럼 보이기는 하지만 실제로 최근 상장된 커버드콜 ETF의 분배율을 보면 이와 같은 수치들이 사실이기는 하다. 그러다 보니 노후준비가 부족한 예비 은퇴자들이나 이미 은퇴한 사람들이 커버드콜 ETF를 봤을 땐 부족한 노후자금을 해결할 수 있는 좋은 투자처라고 판단할 수 있다.

하지만 배당주의 평균적인 배당률이 4~5% 수준이고, 예금 이자가 3%를 넘지 않는 상황에서 이처럼 높은 분배금을 과연 언제까지 안정적으로 지급받을 수 있는 것인지, 숨겨진 리스크가 큰 것은 아닌지를 제대로 확인하고 투자를 결정해야 한다.

커버드콜Covered Call 전략은 파생상품인 옵션을 활용한 전략 중 하나로, 콜옵션을 매도해서 얻는 프리미엄(수익금)으로 분배금을 안정적으로 지급하기 위한 재원으로 활용하는 전략이다. 그림을 보면서 커버드콜 전략에 대해서 쉽게 이해해보자.

○ **커버드콜 전략의 이해**

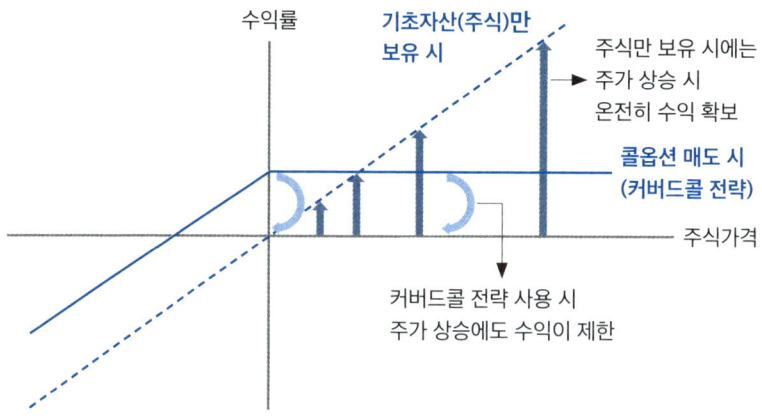

먼저 기초자산(주식)만 보유했을 때 수익구조는 단순하다. 주가가 상승하면 수익이고, 주가가 하락하면 손실이다. 당연한 이야기지만 주가가 상승했을 때 투자자가 얻을 수 있는 수익의 제한은 없다. 그럼 커버드콜 전략을 위해 콜옵션을 매도했을 때 투자자의 수익구조는 어떻게 달라지는지 살펴보자. 우선 콜옵션에 대한 이해가 필요한데, 콜옵션이라는 것은 특정 가격에 주식을 매수할 수 있는 권리로써 콜옵션을 매도한 투자자는 콜옵션을 매수한 투자가가 권리를 행사했을 때 보유한 주식을 약정한 가격에 매도해야만 한다.

커버드콜 ETF의 구조와 이해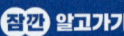

- ETF는 주식을 보유한다(예 : 나스닥100 지수 추종).
- 이 주식의 가격이 일정 수준 이상으로 오를 경우 행사 가능한 콜옵션을 매도한다.
- 콜옵션을 매도한 대가로 받은 프리미엄을 매월 투자자에게 분배금으로 지급한다.

○ 커버드콜 전략의 이해

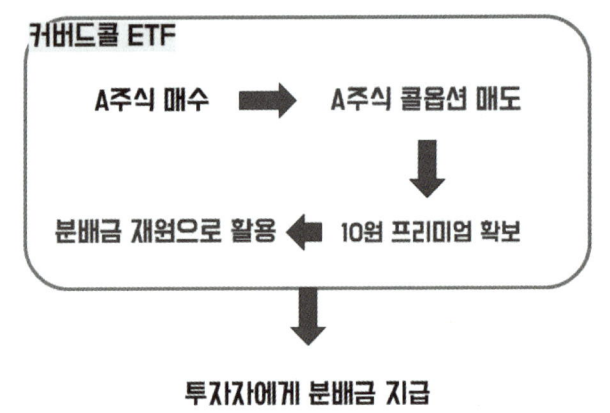

▲ 출처 : 유튜브 <빽담화TV>

커버드콜 ETF는 이처럼 옵션을 통해 '추가 수익'을 창출한다. 사실 좀 더 정확한 표현은 미래의 수익을 현재로 당겨오는 과정이라고 표현하는 것이 더 적합하다. 이러한 커버드콜 전략을 활용하여 일반적인 배당주 ETF보다 높은 분배율을 확보할 수 있게 되었다.

예를 들어 1만 원짜리 A주식을 12,000원에 살 수 있는 콜옵션을 투자자 C에게 매도했다고 가정해보자. 만약 A주식의 주가가 상승하여 15,000원이 되었다면 콜옵션을 매수한 투자자 C는 권리를 행사할 것이다. 15,000원짜리 주식을 12,000원에 매수할 수 있는 권리(콜옵션)를 행사하면 당장 3,000원의 차익을 얻을 수 있기 때문이다. 반대로 A주식이 크게 오르지 못하고 11,000원에 머물고 있다면 투자자 C는 콜옵션을 행사하지 않고 포기할 것이다.

정리해보면 커버드콜 전략을 위해 A주식을 보유한 투자자 A가 콜옵션을 투자자 B에게 프리미엄을 받고 매도한 경우 일단 프리미엄은 챙겼지만 A주식을 옵션 행사 가격을 초과하여 상승할 경우에는 투자자 B가 옵션을 행사하기 때문에 주가 상승에 따른 수익을 포기해야만 한다. 하지만 A주식이 크게 오르지 않을 경우 투자자 B로부터 얻은 옵션 프리미엄이 온전한 수익으로 챙길 수 있다. 이렇게 확보한 프리미엄을 모아서 투자자들에게 분배금 재원으로 활용하는 것이 커버드콜 ETF의 핵심 전략이다.

커버드콜 ETF는 이처럼 옵션을 통해 '추가 수익'을 창출한다. 사실 좀 더 정확한 표현은 미래의 수익을 현재로 당겨오는 과정이라고 표현하는 것이 더 적합하다. 아무튼 이러한 커버드콜 전략을 활용하여 일반적인 배당주 ETF보다 높은 분배율을 확보할 수 있게 되었다.

커버드콜 ETF에 투자하면 왜 좋은가?

월배당이 가능하다

매달 배당금을 지급하는 주식은 찾기 어렵기 때문에 배당주를 모은 ETF라고 해도 월배당 흐름을 만드는 것이 쉬운 것은 아니다. 월배당을 만든다고 해도 배당수익률이 너무 낮다는 아쉬움도 있다. 하지만 대부분의 커버드콜 ETF는 매달 분배금을 지급한다. 이 점이 최고의 장점이며 꾸준한 현금 흐름이 필요한 투자자, 특히 노후 생활비를 계획하는 사람에게는 굉장히 매력적인 구조이다.

높은 분배금 수익률을 지급한다

일반적인 배당주 ETF와 커버드콜 ETF, 가장 큰 차이는 결국 '분배율'이다. 배당주 위주로 구성된 배당주 ETF의 분배율은 결국 4~5% 내외일 수밖에 없다. 금리수준을 고려했을 때 나쁘지 않은 성과라고도 할 수 있지만, 모든 투자자는 기왕이면 적은 투자금으로 더 많은 분배금을 받기를 원할 것이다. 이러한 니즈를 충족해주는 ETF가 바로 커버드콜 ETF이다. 옵션 매도 프리미엄을 활용하여 연 10%가 넘는 분배율을 지급할 수 있도록 설계를 했기 때문에 배당주보다 2~3배 높은 현금흐름을 만들 수 있다.

안정적인 분배 재원 확보

주가 상승이 없더라도, 배당 성향이 낮아지더라도, 커버드콜 ETF는 옵션 프리미엄만으로도 충분한 분배금 재원을 만들 수 있다. 즉,

배당금 의존도가 낮아 특정 기업의 배당 성향 변화에 덜 민감하다.

다음은 최근 1년간 주요 커버드콜 ETF의 분배율 상위 종목들이다. ACE 미국반도체데일리타겟커버드콜 ETF는 연간 분배율이 무려 19%에 달하는 모습을 보여주고 있다. 그 밖에도 분배율 상위권 종목의 분배율 수준은 15%를 웃돌고 있다.

○ 주요 커버드콜 ETF의 분배금 현황

순위	종목명	분배금	연간분배율
1	ACE 미국반도체데일리타겟커버드콜	92원	18.97%
2	ACE 미국빅테크7 + 데일리타겟커버드콜	116원	17.88%
3	RISE 200위클리커버드콜	120원	17.88%
4	ACE 미국500데일리타겟커버드콜	116원	16.74%
5	KODEX 테슬라커버드콜채권혼합액티브	109원	16.318%
6	KODEX 미국AI테크TOP10타겟커버드콜	112원	15.64%
7	RISE 미국AI밸류체인데일리고정커버드콜	274원	15.30%
8	RISE 미국테크100데일리고정커버드콜	273원	15.07%
9	TIGER 미국나스닥100타겟데일리커버드콜	106원	13.70%
10	SOL 미국30년국채커버드콜	106원	13.59%

세상에 공짜 점심은 없다.
20%에 달하는 분배율 이면에는 위험도 도사리고 있다

생전 들어보지도 못한 옵션 전략이 어쩌고저쩌고… 사실 커버드콜 ETF의 구조를 100% 이해하고 투자를 하는 투자자는 많지 않을 것이다. 그저 10% 넘는 분배금을 꾸준히 준다는 매력 때문에 투자를 결정한다. 하지만 이 세상에서 은행 금리보다 높은 성과를 '원금손실 위험' 없이 얻을 수 있는 방법은 존재하지 않는다. 커버드콜 ETF 역시 여러가지 위험을 가지고 있는 투자상품이다. 어떠한 위험이 있는지 알아보고 정확히 이해해보자.

상승장에서 수익이 제한된다

커버드콜 전략은 콜옵션을 매도해서 프리미엄을 챙기는 것이 핵심이다. 그런데 콜옵션을 매도했다는 것은, 일정 가격 이상 오르면 수익을 포기하겠다는 의미다. 따라서 시장이 크게 상승해도 ETF의 수익은 제한된다. 반대로 일반 ETF나 배당주 ETF는 상승장의 과실을 고스란히 누릴 수 있다.

○ 커버드콜 ETF QYLD vs 일반 ETF QQQ 성과비교

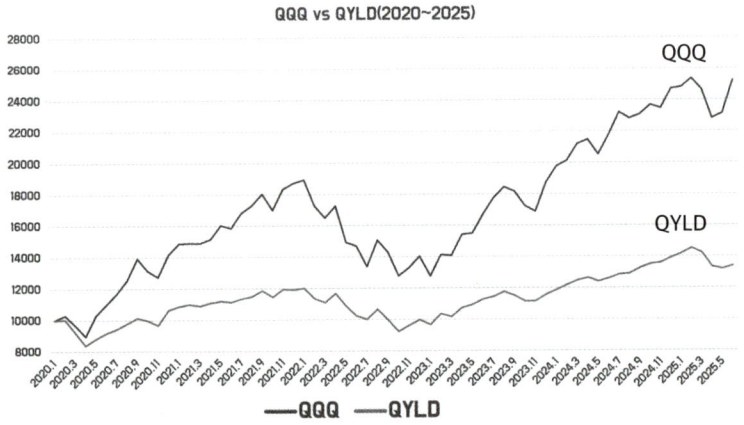

물론 최근에는 커버드콜 옵션 전략이 다양해지면서 상승장에서도 일정수준 이상 가격 상승을 따라갈 수 있도록 설계된 커버드콜 ETF가 출시되고 있다. 하지만 그만큼 주가 변동성에 노출되기 때문에 자산가치도 변동될 수 있다는 위험도 동시에 가지고 있다.

실제로 나스닥100지수를 추종하는 대표적인 ETF, QQQ와 나스닥100을 기초로 하는 커버드콜 ETF, QYLD의 지난 5년간 성과이다. 분배금을 전부 재투자한다고 가정을 해도 QQQ의 누적성과가 압도적으로 높다는 것을 알 수 있다. 이처럼 커버드콜 ETF는 높은 분배금 지급해주는 달콤함이 있지만 정작 자산을 불릴 수 있는 기회를 놓치게 될 위험도 있다.

하락장에서는 손실이 그대로 노출된다

커버드콜 전략이 하락장에서 방어력이 있을 것 같지만, 실제로는 방어력이 굉장히 미미하다. ETF가 주식을 그대로 보유하고 있기 때문에, 기초자산이 하락하면 원금 손실도 동일하게 발생한다.

분배율은 고정값이 아니다

커버드콜 ETF가 내세우는 분배율은 '목표치'이다. 고정적으로 투자자에게 지급을 보증한 분배율이 아니라는 의미이다. 그래서 분배율은 시장상황에 따라 언제든지 변화할 수 있다. 또한 분배율은 높더라도 결국 ETF 가격이 하락해서 자산가치가 하락하는 경우에는 실질 수익률이 마이너스가 될 수 있다.

커버드콜 ETF는 매달 현금흐름이 필요한 은퇴자나 안정적인 분배금을 원하는 투자자에게는 굉장히 매력적인 수단일 수 있다. 그러나 그 높은 분배금 이면에는 자산가치의 희생, 수익 제한, 하락장에서의 손실 등 여러 리스크가 숨어 있다는 점을 반드시 이해하고 접근해야 한다. 즉, 커버드콜 ETF는 '현금흐름을 우선시할 때 고려해 볼 수 있는 도구'이지, '자산을 불리기 위한 성장형 투자'는 아니다.

나는 5,000원으로 빌딩에 투자하고 월세를 받는다 |4|

리츠(REITs)란?

매달 통장에 꼬박꼬박 들어오는 월세 수입, 안정적인 자산가치, 그리고 언젠가는 시세차익까지 누릴 수 있다는 기대감 때문에 많은 이들이 노후를 위해 그 해답을 '부동산 임대소득'에서 찾는다. 그래서 누구나 한 번쯤 '건물주'가 되어 행복한 노년을 보내는 꿈을 꾸곤 한다. 하지만 현실은 상가 하나만 해도 몇 억, 몇 십 억이 필요한 세상이다. 평범한 월급쟁이에겐 먼 나라 이야기일 뿐이다.

그렇다면 정말 부동산 투자는 부자들만의 전유물일까? 아니다. 주식처럼 거래할 수 있고, 단돈 몇 천 원으로도 시작할 수 있는 '리츠REITs'를 활용하면 누구나 건물주가 될 수 있다.

REITs는 Real Estate Investment Trusts의 약자다. 쉽게 말해, 다수의 투자자로부터 자금을 모아 부동산에 투자하고, 거기서 발생하는 임대수익과 매각수익을 배당으로 돌려주는 '부동산 간접투자 상품'이다. 우리가 잘 알고 있는 펀드와 원리는 비슷하다. 리츠를 활용하면 직접 건물을 사지 않아도 건물의 수익 일부를 '쪼개서' 가져갈 수 있는 셈이다.

> **리츠란?** ─────────────── 잠깐 알고가기
>
> **리츠(REITs) 이해하기**
> 예를 들어, 여러분이 투자한 리츠가 '서울 강남역 오피스 건물'에 투자하고 있다면, 그 건물에서 나오는 임대수익 일부를 여러분도 매달 배당금으로 받게 되는 것이다. 마치 강남역 건물의 지분을 0.001%라도 보유하고 있는 것과 같다.
>
> **리츠의 주요 유형**
> - **오피스 리츠** : 강남, 여의도, 판교의 대형 오피스에 투자
> - **물류 리츠** : 쿠팡, CJ 등 물류센터에 투자
> - **호텔 리츠** : 관광지 중심 호텔, 리조트에 투자
> - **해외 리츠** : 미국, 일본 등 글로벌 부동산 자산에 투자

리츠 투자가 좋은 이유

커피값으로 부동산 투자가 가능하다

리츠의 가장 큰 장점은 '소액 투자로 부동산 임대수익을 얻을 수

있다는 점'이다. 국내에 상장된 리츠 대부분이 5,000원 내외로 거래되고 있기 때문에 누구나 부담없이 투자를 시작할 수 있다.

분산투자가 가능하다

주식과는 달리 부동산 투자를 할 때 분산투자를 하는 것은 정말 어려운 일이다. 건물을 3~4채를 사야 분산투자 효과를 누릴 수 있는데 그 비용이 너무 막대하기 때문이다. 하지만 리츠의 경우 단일 건물에 투자하는 경우는 드물고, 대부분은 여러 개의 부동산을 매입하여 관리한다.

예를 들어 A리츠가 강남 오피스빌딩, 강북 오피스빌딩, 수도권 오피스빌딩을 보유하고 있다면 강북 오피스빌딩에서 공실률이 다소 상승하더라도 전체 포트폴리오에 미치는 영향은 크지 않다.

규모의 경제 실현이 가능하다

강남역 사거리에 있는 30층짜리 빌딩 vs 논현동에 있는 5층짜리 상가건물, 어떤 부동산 투자가 수익성 측면에서 유리할까? 당연히 30층짜리 빌딩이 수익성과 안정성 측면에서 모두 유리하다. 하지만 이러한 빌딩을 매수할 수 있는 부자들이 과연 몇명이나 있을까? 100억대의 현금을 보유한 사람도 엄청난 자산가라고 할 수 있지만 100억 원으로 강남에 30층짜리 빌딩을 살 순 없다.

하지만 리츠는 운용규모가 상당히 크기 때문에 개인이 접근하기 어려운 수백억, 수천억 단위의 부동산 투자가 가능하다. 그래서 여러분이 **리츠에 투자했다면 대형 빌딩을 매수한 효과**를 누릴 수 있는 것이다.

리츠 투자 시 주의할 점

하지만 리츠도 '무조건 안전한' 자산은 아니다. 부동산 시세 하락, 공실률 증가, 금리 인상 등 다양한 리스크에 노출될 수 있다. 특히 금리와 리츠 수익률은 반비례 관계에 있다. 금리가 오르면 리츠의 매력은 떨어지고, 주가도 하락할 수 있다. 즉 부동산 투자 시에 노출되는 위험과 동일한 위험에 노출된다. 또한 리츠는 배당이 고정되어 있지 않다. 임대료 수입이 줄거나 공실이 많아지면 배당도 줄어들 수 있다. 그래서 투자 전 아래 사항을 꼭 체크하자.

| 리츠 투자 체크리스트 |

- 보유 부동산의 위치와 임차인 정보 : 핵심 상권/기업 여부
- 배당금 지급 이력 : 꾸준하고 안정적인가?
- 운용사의 신뢰도와 관리능력 : 부동산 전문가인가?
- 금리 환경 : 금리 인상기에 리츠는 불리할 수 있음
- 공실률과 부채비율 : 높을수록 리스크 증가

실물 부동산 투자 대비 리츠투자의 가장 큰 단점은 바로 '레버리지 활용'이 어렵다는 것이다.

보통 부동산을 매수할 때는 대출을 활용한다. 50억 원짜리 건물을 살 땐 현금 20~30억 원만 투입되는 경우가 흔하다. 그래서 실제 투자금 대비 성과가 높아지는 레버리지 효과를 누릴 수 있다. 레버리지 활용을 위한 비용도 상대적으로 저렴한 편이다.

하지만 리츠에 투자를 할 때 리츠를 담보로 대출을 해주지는 않는다. 기껏 활용 가능한 대출은 신용대출인데 담보대출과는 달리 금리가 높고 상환기간이 짧아 리스크가 커진다.

○ 실물 부동산 투자 vs 리츠 투자

항목	실물 부동산 투자	리츠 투자
투자금	억 단위 이상 필요	커피값
수익 형태	임대료 + 시세차익	배당 + 주가 상승
유동성	낮음(매매 어려움)	높음(주식처럼 거래)
관리 책임	직접 관리(세입자, 수리 등)	없음
리스크 분산	단일 부동산에 집중	다수 자산에 분산 투자
접근성	진입장벽 높음	누구나 쉽게 접근 가능
레버리지 활용	쉬움	어려움

투자를 할 때도 분산투자가 필요하듯이, 노후에 연금소득도 분산이 필요하다.

채권(예금)과 주식 위주로 노후자금이 세팅되어 있으면 금리위험, 배당률 위험 그리고 가격변동 위험에 양의 상관계수로 노출이 된다. 그래서 음의 상관계수라고 할 수 있는 부동산 자산도 함께 활용이 되어야 한다. 그동안 부동산 투자는 진입장벽이 높았기 때문에 누구나 투자를 할 수 있는 영역이 아니었지만 리츠나 부동산 펀드 ETF를 활용할 경우에는 누구나 부담 없이 포트폴리오에 부동산 비중을 높일 수 있다.

연금 수익원의 다각화를 위해 배당주 등의 다른 배당형 자산과 함께 리츠를 활용해보도록 하자.

돈 걱정없는 노후 STEP ⑥

노후자금 재테크 성공방정식

10

지금까지 우리는 은퇴 이후의 삶을 위해 어떤 준비가 필요한지, 그리고 이를 가능하게 해줄 다양한 재테크 도구들을 살펴보았다. 연금저축과 ETF, 배당주, 커버드콜 전략, 리츠(REITs)까지. 각 자산이 어떤 방식으로 현금흐름을 만들어주는지, 장점과 단점은 무엇인지 하나하나 뜯어보며, '무엇을 활용할 수 있는지'에 대한 퍼즐을 맞춰왔다.

이제 중요한 마지막 단계를 남겨두고 있다.
바로, **이 모든 재테크 도구들을 '어떻게' 활용할 것인가**에 대한 이야기다.

아무리 좋은 투자수단이 있다 해도, 잘못된 방식으로 사용한다면 원하는 결과를 얻기 어렵다. 도구는 '수단'일 뿐이고, 결국 성공적인 노후 재테크를 완성하는 핵심은 운용의 전략, 즉 설계와 배분이다.

지금부터는 지금까지 배운 모든 재테크 도구를 기반으로, **'어떤 순서로 준비를 시작해야 하는지'**, **'어떤 계좌에 어떤 자산을 담아야 유리한지'**, **'시간의 흐름에 따라 포트폴리오를 어떻게 조정해야 하는지'** 등 실제 실행을 위한 구체적인 전략과 방향을 제시하고자 한다.

노후 재테크 성공법칙 :
더 많이, 더 빨리, 더 높이 |1|

"재테크 잘하고 싶어요." 많은 이들이 이렇게 이야기한다. 그리고 대부분 "어떤 주식을 사야 하나요?", "어디에 아파트를 사야할까요?", "이제라도 금을 사야할까요?" 같은 질문부터 던진다. 하지만 질문의 순서가 틀렸다. "재테크로 성공하려면, 무엇을 해야할까요?"라는 질문이 먼저이다.

수많은 투자 수단과 전략이 존재하지만, 그보다 먼저 알아야 할 재테크의 성공 원칙은 따로 있다. 바로 '더 많이, 더 빨리, 더 높이'이다. 이 세 가지 원칙은 복잡한 재테크의 숲에서 길을 잃지 않게 해주는 나침반과 같다.

더 많이 : 한 푼이라도 더 많이 저축하자

재테크의 시작은 '투자'가 아니라 '절약'이다. 절약이 얼마나 대단한 힘을 가지고 있는지 알아보자.

○ 재테크 원칙1

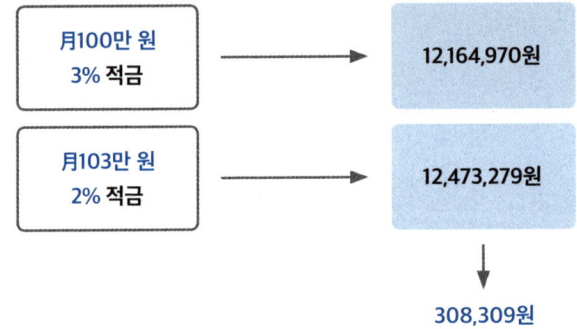

사람들이 적금을 가입하려고 할 때 하는 행동은 '조금이라도 더 높은 이자'를 찾는 것이다. 저축은행과 새마을금고 등을 뒤져 조금이라도 금리가 높은 은행에서 적금을 가입하는 것이 최선의 재테크라고 생각한다. 정말 최선일까?

A는 꼼꼼하게 금리 비교를 한 후 100만 원을 3% 이자주는 적금에 불입했다. 그리고 1년 뒤 만들어지는 돈은 약 1,216만 원이다. 원금 대비 16만 원의 이자소득을 얻었다. B는 금리비교 할 시간에 커피 4잔을 덜 마시고, OTT 구독 하나를 해지하여 한 달에 3만 원을

더 저축하기로 한다. 적금 이자는 2%로 가정해보자. 이 경우 1년 뒤 모이는 돈은 약 1,247만 원으로 A보다 30만 원을 더 모았다.

돈을 모을 때 중요한 것은 '저축량'이지 '수익률'이 아니다

돈을 모아 종잣돈을 굴릴 때는 수익률이 중요하지만 종잣돈을 만드는 과정에서는 수익률이 자산증식 속도에 미치는 영향이 생각보다 크지 않다는 사실을 깨달아야 한다. 더 중요한 것은 '한푼이라도 더 많이 저축'하는 것이다. 그리고 더 많이 저축하기 위해서는 소득이 높은 게 최고지만 소득을 높이는 것은 마음먹는다고 되는 것이 아니다. 마음먹는 순간 100% 달성이 가능한 '절약'을 먼저 하자.

사람들은 흔히 이렇게 말한다. "그거 줄여봐야 얼마나 모으겠어."

그런데 그 '얼마'가 모이고 또 모이면, 미래의 자산이 된다. 또한 절약이 습관이 된 사람은 자산을 만든 뒤 불필요한 충동소비로부터 소중한 돈을 지킬 수 있는 힘을 키울 수 있다. 작은 절약이 모여 큰 자산이 되는 것, 그런 습관이 소비로부터 자산을 지킨다. 이것이 성공 재테크의 첫 번째 원칙이다.

더 빨리 : 하루라도 빨리 시작하자

"지금은 목돈이 없어서…", "조금 더 여유가 생기면 그 때…" 이렇게 미루는 사람들이 많다.

그런데 재테크로 돈을 벌기 위해서는 복리의 마법이 반드시 필

요한데 복리의 마법은 '얼마를 벌었는가'보다 '얼마나 오래 굴렸는가'에 더 민감하다.

○ 재테크 원칙2

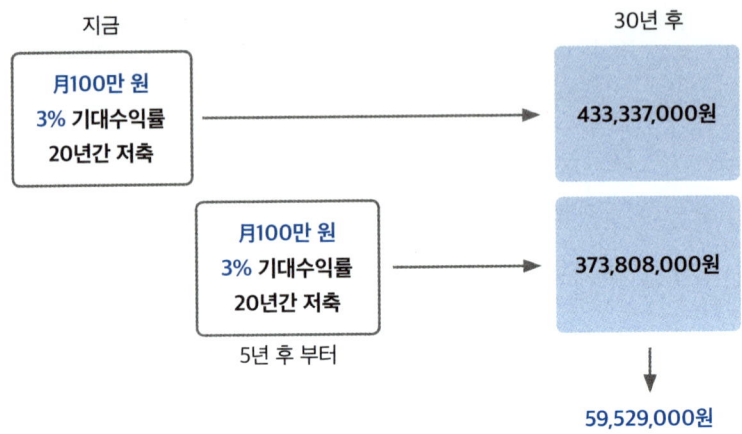

같은 돈(100만 원), 같은 수익률(3%)로 동일하게 20년간 돈을 모았지만 지금 시작한 사람은 30년 후 4.3억 원을 모았고, 5년을 미룬 사람은 3.7억 원을 모았다. 두 사람이 저축한 원금은 2.4억 원으로 동일하지만, 단 5년간 겨우 3%의 복리이율이 적용되지 못했을 뿐인데 약 6,000만 원의 자산규모 차이가 생겼다.

돈은 '시간'이 불려주는 것이다.

기다린다고 해서 더 나은 시작점이 오는 건 아니다. 오늘이 가장 좋은 날이다. 지금 시작하는 용기가, 미래의 여유를 만들어 준다는 사실을 잊지 말자.

더 높이 : 수익률의 작은 차이가 30년 후 큰 차이를 만든다

마지막 원칙이 수익률이다. 많은 사람들이 수익률을 가장 먼저 떠올리고 전부라고 생각하지만, 사실 이것은 가장 마지막에 고민할 문제이다. 하지만 '마지막'이라고 해서 중요하지 않다는 뜻은 아니다. 수익률의 차이는 시간과 함께 복리로 누적되어 어마어마한 격차를 만들어내기 때문이다.

○ 재테크 원칙3

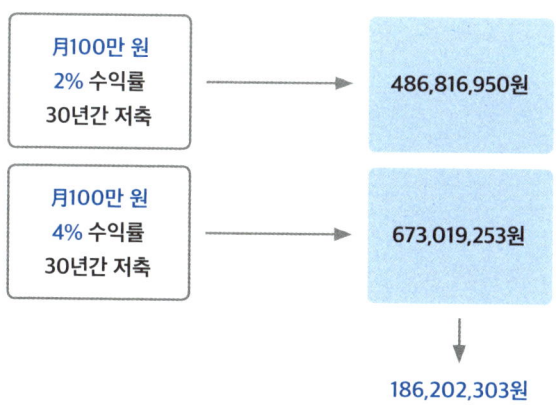

단 2%의 수익률 차이가 30년간 누적되면서 만들어내는 자산가치의 차이는 엄청나다. 이것이 복리의 위력이고, 수익률이 갖는 힘이다. 그래서 재테크를 잘 하기 위해서는 수익률을 높이는 노력이 필요하다. 하지만 수익률은 내가 100% 통제할 수 있는 영역이 아니다. 노력한다고, 마음먹는다고 해서 높은 성과를 얻을 수 있는 것이 아니다. 그래서 이 원칙이 세 번째인 것이다.

재테크의 3가지 원칙과 순서를 기억하자. 재테크로 원하는 노후를 준비하고 싶다면 '지금 할 수 있는 것'부터 시작하자. 달성확률 100%인 것부터 놓치지 말자. 그럼 여러분의 노후는 바뀔 것이다.

소득의 10%로 완성하는 노후 재테크 |2|

현재의 사정으로 뒷전인 노후준비

"얼마를 저축해야 노후에 충분할까?"

많은 사람들이 노후준비를 생각하면서 가장 먼저 떠올리는 질문이다. 하지만 안타깝게도, 이 질문에 명확한 정답은 없다. 왜냐면 사람마다 소득, 지출, 은퇴 시기, 기대수명, 기대하는 노후 수준이 각양각색이기 때문이다. 그래서 대부분은 '애매함' 속에서 노후준비를 미루곤 한다.

"지금은 집을 사야 하니까…", "애들 교육비 부담 때문에…", "조금 더 여유가 생기면…"

이렇게 미루고 미루다보면 어느 순간 시간이 너무 많이 지나버린 것을 깨닫는다. 그리곤 뒤늦게 부랴부랴 노후준비를 위해 노력하지만 어떻게든 일을 해서 노동소득을 만드는 것 외엔 딱히 방법이 떠오르지 않게 된다.

그래서 필요한 기준 : 10%룰

'소득의 10%를 10% 수익률로 노후를 위해 투자하라'

이것이 바로 필자가 제안하는 노후준비의 실천 기준, 10%룰이다. 왜 10%일까?

사회초년생이 노후를 위해 저축 가능금액의 100%를 저축하면 노후에는 분명 행복해질 것이다. 하지만 노후 전까지의 삶은 어떻게 되는가? 은퇴 후의 삶도 중요하지만 은퇴 전의 삶도 중요하다. 결혼도 해야하고, 집도 사야하고, 자녀도 키워야한다. 즉 돈을 벌어서 다양한 재무목표를 위해 재테크를 해야하므로 모든 저축여력을 노후에 투입하는 것은 현실성 없는 이야기다. 하지만 소득의 10% 정도라면 30년 후 노후를 위해 빼놓는다고 해도 결혼자금 등을 모으는데 큰 방해요소가 되지는 않는다.

10%라는 목표수익률도 쉽지는 않지만 무리한 수익률도 아니다. 그 근거는 장기적으로 미국 S&P500 지수의 연평균 수익률이 9~10% 수준이었기 때문이다. 즉 ETF 등을 활용해서 미국대표지수에만 꾸준히 투자를 해도 이정도 성과는 충분히 도전 가능한 목표라는 것이다.

즉 **'소득의 10% + 기대수익률 10% + 시간'**, 이 세 가지가 합쳐지면, 여러분의 노후자산은 충분해질 것이다.

정말 10%로 가능할까?

월급 300만 원을 받는 30세 A씨, 매달 30만 원씩 35년간 연 10%의 수익률로 투자를 했다면, 약 1억 원의 원금이 약 10억 원 이상으로 불어난다.

물가상승으로 인해 화폐가치가 떨어진다고 해도 걱정할 건 없다. A에게는 노후자금 10억 원 외에도 국민연금과 퇴직연금도 보유하고 있기 때문이다.

그리고 10%룰을 제대로 이해하고 있다면 A는 30만 원이 아니라 매년 조금씩 투자금액이 늘어났을 것이다. 월급이 오를수록 10%에 해당되는 금액도 커질테니까. 그렇다면 노후에 만들 수 있는 노후자금의 규모는 10억 원보다 훨씬 큰돈을 만들 수 있다.

하지만, 흘러간 시간은 돌이킬 수 없는 법.

10%룰은 30대 초반까지만 적용되는 법칙이다. 40~50대에는 완전히 다르다.

> **노후준비, 시작이 중요한 이유** ·· 잠깐 정리하기
>
> - 40대부터 50만 원씩 25년간 투자(연 10%) → 최종 금액 : 약 6억 6,341만 원
> - 50대부터 100만 원씩 15년간 투자(연 10%) → 최종 금액 : 약 4억 1,447만 원

아무리 투자금액을 늘려도 30대에 시작한 사람을 이길 수 없다는 것을 알 수 있다. "나중에 더 벌면 그때 크게 시작하지 뭐"라는 다짐을 현실로 적용하면 결국 노후준비는 실패한다는 것이다.

"지금 가장 할 수 있는 것부터 하자." 이 말은 단순한 조언이 아니라, 노후준비를 성공으로 이끄는 최고의 전략이다.

투자가 두렵다면 '적립식 투자'부터 시작하라 | 3 |

왜 적립식 투자인가?

"이제는 투자해야 한다는 건 알겠는데, 주가가 너무 높아 보여서 망설여져요."

"ETF? 펀드? 지금 들어가도 괜찮을까요?"

노후준비를 위한 투자는 결국 시간과 수익률의 게임이라는 사실을 배웠지만, 막상 실행에 옮기려고 하면 걱정이 앞선다. 자산시장이라는 낯선 바다에, 목돈을 들고 한 번에 뛰어드는 것이 부담스러운 것은 너무나도 자연스러운 감정이다.

투자의 경험이 없거나 부족하고, 원금손실에 대한 두려움이 클 때, **투자를 시작하는 가장 좋은 방법은 '적립식 투자'이다.** 적립식 투자는 말 그대로 일정한 금액을 일정한 시점마다 나누어 투자하는 방식이다. 마치 적금에 가입한 것처럼 매월 월급날 10만 원, 20만 원씩 ETF나 펀드에 자동이체를 걸어두는 것이 대표적인 예다. 주가가 고점이든 저점이든 상관없이 꾸준히 사 모으는 방식이기 때문에, 투자 시점을 고민하거나 주가의 높고 낮음을 예측할 필요가 없다.

바다가 무서운 이유는 얼마나 깊은지 알 수 없기 때문이다.
투자도 똑같다. 지금의 주가가 바닥인지, 더 하락할 수 있는지, 하락한다면 얼마나 하락할지 예상이 어렵기 때문에 투자를 시작하는 게 두려운 것이다. 하지만 시장의 고점과 저점을 정확히 맞추는 것은 불가능하다. 투자의 현인 '워렌 버핏'도 미래의 주가는 맞출 수 없다고 늘 조언한다. 그래서 필요한 전략이 바로 적립식 투자이다. 가격 예측을 포기하고 시간에 분산해서 주식을 매입함으로써, 시장의 평균을 내 돈의 매입단가로 만들자는 접근이다.

이 방식은 특히 주가가 크게 하락하거나 변동성이 클 때 진가를 발휘한다. 많은 사람들은 시장이 하락하면 "더 떨어질까봐" 사지 못한다. 하지만 적립식 투자는 시장이 내려갈수록 오히려 더 많은 수량을 매입하게 되므로, 평균 매입단가를 낮추는 '코스트 에버리지 효과'를 자연스럽게 누릴 수 있다.

코스트 에버리지 효과란?

주가가 1,000원일 때 1만 원으로 일시에 투자했다면 투자자가 보유한 주식 수는 10주이다. 그리고 시간이 흘러 주가가 1,050원으로

○ 코스트 에버리지 효과의 이해

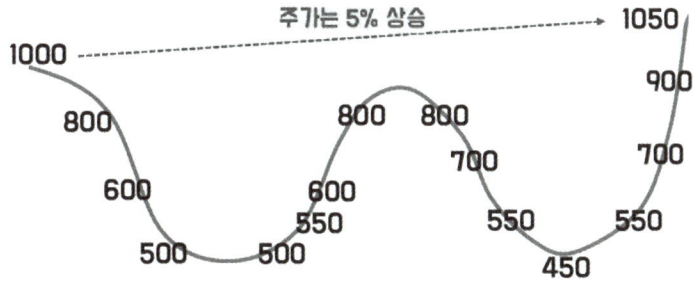

▲ 출처 : 유튜브 <빽담화TV>

상승했다면 투자자의 수익률은 5%를 달성하게 된다.

반면 1만 원으로 15회에 나눠 적립식으로 투자한 투자자의 경우 1,000원짜리 주식 또는 ETF를 800원, 500원으로 하락하는 경우에도 꾸준히 매수하기 때문에 보유한 종목수는 15주로 늘어나며 1주당 평균매수단가는 666원으로 하락하게 된다. 그리고 주가가 1,050원이 되었을 때 수익률은 무려 57%를 기록하게 된다.

이처럼 주식, ETF 그리고 펀드 투자를 할 때 확률적으로 영원히 상승할 수 없고, 하락추세가 반드시 생기기 때문에 적립식 투자로 대응할 경우 코스트 에버리지 효과를 얻으므로써 투자의 효율성을 높일 수 있는 것이다. 그리고 코스트 에버리지 효과는 시장의 변동성이 클 때 더 큰 효과를 얻을 수 있다.

'적립식 투자 = 안전한 투자?'는 아니다

다만 오해하지 말자. 적립식 투자라고 해서 원금이 보장되거나 무조건 수익이 나는 전략은 아니다. 적립식 투자의 정확한 장점은 코스트 에버리지 효과로 인한 '변동성 완화'이다.

시장 하락을 감내할 수 있게 해주고, 심리적 불안을 줄여주며, 하락장에서도 계속 투자할 수 있게 도와준다.

특히 S&P500처럼 역사적으로 우상향해 온 지수에 적립식으로 15~20년 이상 투자할 수 있다면, 원금 손실 확률은 매우 낮아진다. 물론, 과거의 수익률이 미래를 보장해주지는 않는다는 점도 함께 명심해야 한다.

적립식 투자의 또 다른 강점 : '심리적 방어력'

주식 및 ETF 투자에서 실패하는 가장 큰 요인은 바로 '공포'로 인해 장기투자가 어렵기 때문이다.

그리고 그 공포는 시시각각 변하는 시세에서 기인한다. 그로 인해 조금만 떨어져도 '잃을까봐' 팔고, 조금만 올라가도 '더 떨어질까봐' 팔아버린다. 결국 장기투자가 안되는 것이다.

하지만 적립식 투자는 다르다.

하루하루의 주가에 관심을 끄고, 월급처럼 일정한 금액을 장기적으로 투자하기 때문에 시장의 소음에서 벗어나기 쉽다. 자연스럽게 공포심리가 낮아진다.

실제로 자산의 변동성도 높지 않다. 매달 20만 원씩 투자한다면 1년 뒤 모이는 원금은 240만 원, 주가가 많이 하락해서 10% 손실을 기록 중이라도 해도 손실금액은 약 24만 원이니 부담이 크지 않다. 그래서 겁먹지 않고 포기 없이 계속 이어갈 수 있는 원동력이 된다.

지난 10년간 미국대표지수에 적립식으로 투자했다면?

매달 200달러씩 QQQ(나스닥 추종)와 SPY(S&P500 추종)에 적립식으로 10년간 투자했다고 가정해보자.

○ 미국대표지수 적립식투자 실증

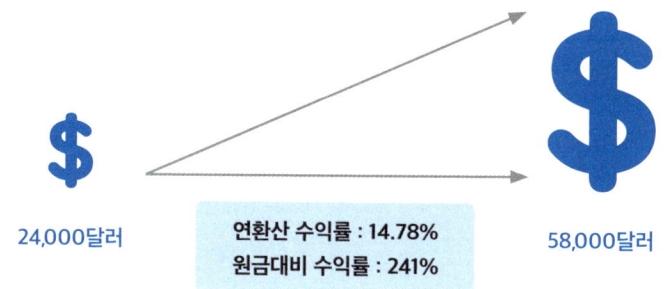

투자원금은 약 24,000달러, 10년 후 평가금액은 약 58,000달러이다. 연환산 수익률(포트폴리오) 14.78%, 원금대비 수익률 241%이다.

10년 동안 코로나라는 큰 변수도 있고 그로 인해 주가가 거의 반토막이 나기도 했지만 적립식 포트폴리오는 꾸준히 우상향하는 모습을 보여주고 있다. 이것이 적립식 투자의 매력이자 장점이다. 스트레스를 줄이면서 동시에 성공적인 투자를 하고 싶다면 매달 적금에 불입하듯이 주식과 ETF를 모으는 전략으로 노후준비를 시작하자.

욕심과 공포에 흔들리지 않는 리밸런싱 전략 | 4 |

감정이 흔들릴 때 투자 실패로 이어진다

여유자금으로 시작하고, 직접투자보다는 ETF를 활용한 간접투자를 하고, 적립식 투자로 리스크를 나눈다 해도 여전히 많은 사람들이 투자에 실패한다. 왜일까? 그 핵심은 '심리'다.

사람들은 대부분 **"공포에 사고, 환희에 팔라"** 는 투자 격언을 알고 있다. 그리고 이 격언대로 행동하겠다고 마음먹는다. 하지만 막상 시장에 참여하면 정반대로 행동하게 된다. 주가가 오르면 더 오를 것 같아 더 사고, 주가가 떨어지면 더 떨어질 것 같아 팔아버린다. 이것이 바로 투자 실패의 본질이다.

자산이 커질수록 심리는 흔들린다

투자 초반 1~2년, 자산 규모가 작을 때는 누구나 이성적으로 행동할 수 있다.

○ **자산이 커지면 멘탈도 흔들린다**

공포에 사고
환희에 팔자 ➡ 지키기 어려운 투자 원칙이다.

하지만 투자금이 커지고 등락폭이 수백, 수천만 원을 오르내리는 순간, 감정이 개입된다. 욕심이 생기고 공포가 커진다. 단기간 급등한 종목은 계속 오를 것처럼 보이고, 하락하는 자산은 끝없이 바닥을 향해 추락할 것처럼 느껴진다. 이 감정은 투자를 왜곡하고, 원칙을 무너뜨린다.

이때 필요한 것이 바로 '시스템'이다. 나의 감정을 배제하고 기계처럼 작동하는 시스템. 그것이 바로 '자산배분'과 '리밸런싱'이다.

자산배분 해라

자산배분은 말 그대로 자산을 나눠서 배치하는 것이다. 투자자산(주식, 주식형 ETF 등)과 안전자산(예금, 채권 등)으로 일정 비율로 나누는 것을 말한다.

어떻게 자산배분 해야할까? 3개의 통장이 있다고 가정해보자.

○ **자산배분의 이해**

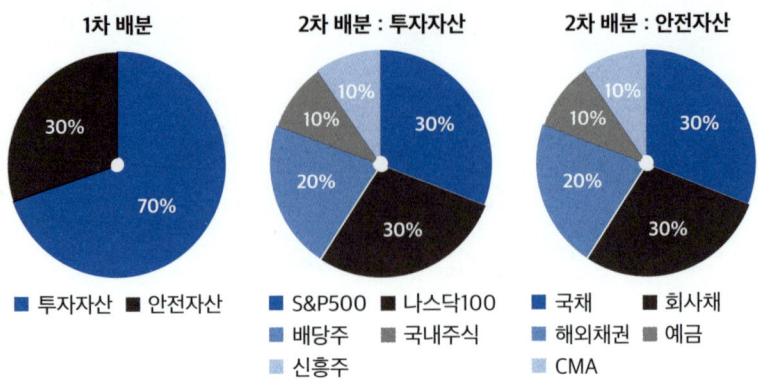

결혼자금 통장, 주택마련 통장, 노후자금 통장이 있다. 각각 통장은 목표가 명확하며, 인출시기를 대략적으로 예측할 수 있다. 자, 그럼 결혼자금 통장의 자산배분은 어떻게 해야할까? 먼저 결혼이라는 재무목표의 특징에 대해서 파악을 해야한다. 언제 인출을 해야 할지 정확한 시기 예측이 어렵지만 장기간 보유하고 있을 수 있는 돈은 아니다. 그러므로 '수익성'보다는 '안정성'과 '유동성'에 초점을 맞춘 자산배분이 필요하다는 결론을 내릴 수 있다.

그림 1차 자산배분으로 안전자산의 비중을 80~90%로 높이고, 투자자산의 비중은 0~20% 수준으로 맞춘다. 비록 수익성은 만족스럽지 않겠지만 결혼자금이 주식투자 성과의 부진 때문에 원금 이하로 내려갈 위험을 막을 수 있고, 주식자산의 성과가 좋다면 적금 위주로 돈을 모았을 때보다 높은 금융소득을 얻을 수 있게 될 것이다.

노후자금 통장은 어떻게 해야할까?

결혼자금과 정반대의 특징을 가지고 있다. 최소한 30년 이상의 시간이 지나야 필요한 자금이고, 단기간에 인출할 가능성은 제로에 가깝다. 즉 '안정성'과 '유동성'보다는 '수익성'에 초점을 맞춘 자산배분이 필요하다는 의미이다. 이렇게 1차 자산배분은 재무목표에 따라서 나눈다.

2차 자산배분은 좀 더 세분화된 자산배분을 의미한다. 투자자산은 미국, 국내, 신흥국, 원자재 등 분산투자가 가능하도록 다양한 투자자산을 활용하여 기대수익률에 맞게 배분하는 것이고, 안전자산도 예금, 채권, 해외채권 등을 활용하여 기대수익률에 맞게 배분한다.

명심하자, 자산배분은 재무목적별로 시행해야 한다

가끔 자산배분의 의미를 잘못 해석하는 경우가 있다. 예를 들어 전체 금융자산을 5억 원을 보유하고 있을 때, 이 5억 원에 대한 자산배분을 본인의 투자성향만을 고려해서 실행하는 것이다. 공격적이라면 8:2에서 7:3으로, 보수적이라면 3:7이나 2:8로 나눈다. 여기서 놓치는 것이 바로 '인출 이슈'이다. 5억 원을 통으로 자산배분 한 뒤에 자산관리를 하던 중, 갑자기 주택마련을 위해 4억 원의 현금이 필요한 경우가 발생하면 공격적인 성향의 사람은 시장상황에 따라 큰 손실을 감수하고 인출을 단행해야 하는 일이 생길 수 있다. 즉, 이러한 자산배분은 자산배분의 효과를 전혀 얻을 수 없는 잘못된 방식이다.

자산배분을 하는 이유는 결국, 인출 이슈에 적절하게 대응할 수 있는 구조를 만듦으로서 투자자산이 최대한 오랜시간 굴러갈 수 있도록 하는데 있다. 또한 주식시장에 큰 변수가 생겨 주가가 크게 하락했을 때 안전자산을 활용하여 저가매수를 할 수 있는 현금성 자산을 보유하게 함으로써 기회가 왔을 때 기회를 잡을 수 있는 장치가 되기도 한다.

리밸런싱 하라

리밸런싱은 자산의 비중이 원래 설정한 목표에서 벗어났을 때, 다시 되돌리는 행위다.

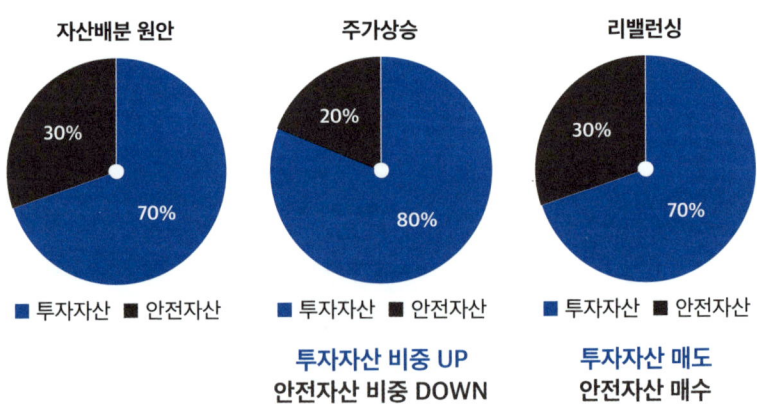

○ 리밸런싱의 이해

위 그림처럼 자산배분 원안이 투자자산 70%, 안전자산 30%일

때, 주가가 상승하면 자연스럽게 투자자산의 비중이 늘어나고, 안전자산의 비중은 줄어들 것이다. 이때 리밸런싱을 실행하게 되는데 주식자산을 매도하고 안전자산을 매수하는 과정에서 자연스럽게 수익을 확정 짓고 차익실현 효과를 얻을 수 있게 된다.

리밸런싱의 효과

○ 자산배분과 리밸런싱 효과1

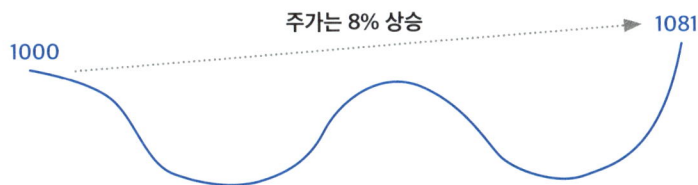

※ 10% 격차 시 리밸런싱

주가		1000	1300	리밸런싱	1690	리밸런싱	1352	리밸런싱	1081
자산배분	투자자산	500	650 (55%)	-	845 (60%)	-	591 (50.5%)	-	472 (44.2%)
	안전자산	500	530 (45%)	-	561 (40%)	-	577 (49.5%)	-	594 (55.8%)
자산총계		1000	1180		1406		1168		1066

▲ 안전자산 수익률 3% 가정

리밸런싱을 하지 않고 자산배분 원안이 유지되었다고 가정하면 주가가 8% 상승했음에도 불구하고 나의 포트폴리오 성과는 6%대에 머물게 된다.

○ 자산배분과 리밸런싱 효과2

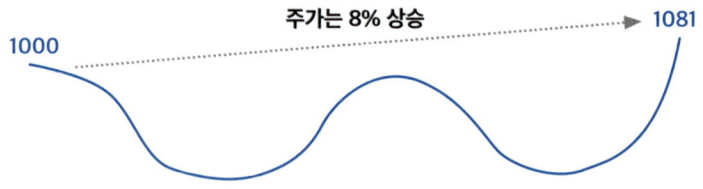

※ 10% 격차 시 리밸런싱

주가		1000	1300	리밸런싱	1690	리밸런싱	1352	리밸런싱	1081
자산배분	투자자산	500	650 (55%)	590 (50%)	767 (55%)	696 (50%)	556 (43.7%)	636 (50%)	508 (43.6%)
	안전자산	500	530 (45%)	590 (50%)	625 (45%)	696 (50%)	716 (56.3%)	636 (50%)	655 (56.4%)
자산총계		1000		1180		1392		1272	1163

▲ 안전자산 수익률 3% 가정

반면 리밸런싱을 실행했을 경우 포트폴리오 성과는 16%로 시장 수익률 8%보다 높아졌음을 확인할 수 있다. 이러한 결과차이가 나는 것은 리밸런싱을 통해 자동으로 '고점에서 일부 매도', '저점에서 추가 매수'를 실행하게 하는 투자를 실행할 수 있게 되기 때문이다. 하지만 리밸런싱을 하지 않았다면 대부분의 투자자들은 '고점에서 추가 매수, 저점에서 일부 매도'라는 정반대의 행동을 하게 되며 이런 판단이 결국 투자 실패를 야기했을 것이다.

심리를 이기는 유일한 방법 = 자산관리의 시스템화

많은 투자자들이 자산배분과 리밸런싱이 중요하다는 사실은 알고 있다. 하지만 실행하는 사람은 극히 드물다. 왜냐하면, 인간은 감정의 동물이고, 타이밍을 스스로 판단하려 하기 때문이다.

그래서 이 전략은 반드시 '자동화'되어야 한다. ETF처럼 분산된 자산에 투자하고, 리밸런싱 기준을 미리 정해두자.

예를 들어,
- **자산** : S&P500 ETF + 채권 ETF
- **비중** : 70:30 (투자자산 : 안전자산)
- **리밸런싱 조건** : 비율 격차가 ±10% 넘을 때 실행
- **실행 시점** : 연 1회 또는 분기 1회

이런 식으로 자신만의 시스템을 만들어두면, 시장의 유혹과 공포 속에서도 중심을 잡을 수 있다.

정리하면 투자에서 가장 큰 적은 시장이 아니다. 바로 내 마음속의 '욕심'과 '공포'다. 이를 이기는 유일한 방법은, 나만의 투자 시스템을 만드는 것이다. 자산배분과 리밸런싱은 단순한 전략이 아니라, 투자 원칙을 지키게 하는 '행동의 틀'이다.

시장이 흔들릴수록, 나는 흔들리지 않게 만드는 구조. 그 구조가 여러분의 노후를 지켜줄 것이다.

미국주식으로 실패 없이
노후자금 모으는 전략

일반적인 주식 '투자자'의 투자 모습

사람들이 주식투자를 시작하려고 할 때의 모습을 떠올려보자.

일단 종잣돈을 모은다. 그리고 종잣돈이 어느 정도 쌓이면, 기다렸다는 듯이 주식시장에 '입장'한다. 이 장면을 보면 마치 칩을 잔뜩 교환해서 카지노에 입장하는 사람들의 모습이 떠오른다. 누군가는 패를 고르고, 누군가는 테이블을 살피며 돈을 걸 타이밍을 찾는다. 긴장감, 기대감 혹은 근거 없는 확신까지. 다들 돈을 '딸 수 있다'고 믿는다. 마치 도박판에 앉은 사람들처럼 말이다. 이렇게 주식시장을 마치 '돈을 벌 수 있는 장소'로 생각하기 때문에 대부분의 투자자들은 이 곳에서 돈을 잃는다.

주식투자는 사업파트너에게 투자를 하는 것

주식을 매수하는 행위는 기업의 일부를 소유하는 일이다. 기업을 소유하고자 하는 이유는 기업이 돈을 벌고, 이익이 쌓이면 주가가 오르니 나의 자산도 오를테고, 때론 배당이라는 현금도 나누어 주기 때문이다. 즉 나보다 사업능력이 뛰어난 사장에게 돈만 투자하고, 투자한 돈으로 장사 잘해서 이익을 공유하고자 하는 개념인 것이다. 그래서 주식은 '사고 파는 것'이 아니라 '모으는 것'이다. 1주일 때보다 10주를 보유하고 있을 때 더 큰돈을 벌 수 있는 것이 주식이니 100주, 1,000주를 달성하기 위해 꾸준히 모아야 할 대상인 것이다.

엄마가 내 용돈으로 삼성전자 주식을 샀다면 집이 한 채!

이런 상상 안 해본 사람은 없을 것이다. 90년대쯤 삼성전자의 주가는 약 5만 원, 1년에 2~3주씩 20년을 모아주었다면 60주는 모였을테고, 삼성전자는 50:1로 액면분할을 했으니 지금 현재 보유한 주식수는 약 3,000주가 되었을 것이다. 그리고 현재주가를 기준으로 평가금액을 계산하면 약 1.8억 원이 된다. 겨우 60주의 가치가 작은 오피스텔 한 채를 살 수 있는 자산이 된 것이다.

'이건 너무 잘된 케이스 아니냐고?'

90년대에도 삼성전자는 국내에서 가장 큰 회사였다. 이름없던 기업이 하루아침에 대박이 난 주식이 아니라는 것이다. 즉 지금도 가장 크고 유명한 회사 위주로 주식을 모아간다면 푼돈이라고 할 수 있는 돈이 먼 미래에는 자산이 될 수도 있다는 것이다.

그럼 어떤 주식을 모아야 할까?

세상은 결국 AI와 로봇기술로 엄청난 변화와 발전을 하게 될 것이다. 그리고 그 중심에는 미국주식이 있다. 4차산업 혁명에서 가장 혁신적이고 강력한 기업은 여전히 대부분은 미국 기업이다. 애플, 마이크로소프트, 엔비디아, 테슬라, 메타, 넷플릭스 등 이름만 들어도 누구나 다 알고 있는 글로벌리더 기업들이 미국에 몰려있다.

어렵게 멀리서 좋은 주식을 찾을 필요없다. 지금 여러분이 만족하면서 소비하게 되는, 여러분의 지갑을 여는 기업의 물건만 사지 말고 주식도 사서 모아보자. 그 자산은 단순히 종잣돈이 아니라 은퇴 후 든든한 현금흐름을 만들어준 노후 자산이 되어있을 것이다.

돈이 부족하다고? 소수점 거래가 있다!

"미국 주식은 너무 비싸요. 애플도 200달러 넘던데…"

그런 걱정은 이제 옛말이다.

요즘은 소수점 거래로 1,000원 단위로도 미국 주식을 살 수 있다. 카카오뱅크, 토스, 신한, 미래에셋 등 주요 금융 플랫폼에서 이미 이 기능을 제공 중이다.

또 하나의 방법은 ETF를 활용하는 것이다.

예를 들어 KODEX 미국나스닥100, RISE 미국휴머노이드로봇 등의 ETF 상품을 통해 여러 미국 주식을 한 번에 '꾸러미'로 사는 것이 가능하다. 여유자금이 부족하다고 걱정도, 미룰 필요도 없다. 커피 한 잔 살 돈이면 여러분이 원하는 미국주식 얼마든지 모아갈 수 있는 세상이다.

주식투자는 게임이 아니라 습관처럼

여러분이 주식시장에 들어가는 이유가 한 방에 '한탕'을 노리는 것이라면, 주식은 결코 여러분 편이 되어주지 않을 것이다. 하지만 좋은 기업을 **틈날 때마다 한 주씩 모으는 습관, 그 습관을 이어간다**

면, 여러분은 언젠가 '자산가'가 되어 있을 것이다. 주식은 사고파는 게임이 아니라, 모아가는 자산이다.

배당이냐, 성장이냐? 여러분에게 필요한 투자 스타일은? |6|

ETF 투자전략은 유행이 아닌 '나'에게 맞는 종목으로 정해야 한다

ETF 투자전략은 정말 다양하다. 보수적으로 접근할 수도 있고, 공격적으로 접근할 수도 있다. 배당 중심으로 짜거나 성장 중심으로 구성할 수도 있고, 특정 국가나 섹터에 집중하거나 시장 전체를 추종하는 전략도 있다. 수학적으로 따져보면, 아마 수천 가지의 포트폴리오가 가능할 것이다.

그래서 "어떤 ETF가 제일 좋은가요?"라는 질문에는 명확한 답이 없다. 애초에 정답이 없는 문제이기 때문이다. 그럼에도 불구하고 내가 생각하는 '좋은 포트폴리오'의 최소 기준은 하나다.

"남들이 좋다는 종목이 아니라, 나에게 맞는 종목을 고르는 것."

이 기준을 잡기 위해서는 나만의 원칙이 있어야 하고, 내 상황에 대한 명확한 이해가 선행되어야 한다. 그런데 우리는 투자를 할 때조차도 '유행'을 따른다. 요즘 가장 유행하는 투자의 키워드는 **'월배당'**이다. 분배금이 얼마나 되느냐를 기준으로 종목을 고르는 사람들이 늘고 있다. 문제는 이것이다.

"여러분은 정말 배당이 필요한가?" 이 질문을 진지하게 던져본 적이 있는가?

달걀이 필요한가, 닭고기가 필요한가?

배당이 없는 것보다 있는 것이 좋을까? 물론, 당장은 그렇다. 하지만 배당은 공짜가 아니다. 배당을 지급하는 ETF는 그만큼 가격 상승 여력이 줄어든다. 즉, **인컴은 줄 수 있지만 자산 증식엔 불리할 수 있다.** 성장주는 반대로 배당은 거의 없지만, 자산 가치는 훨씬 빠르게 상승할 수 있다.

그래서 스스로에게 물어봐야 한다.

"나는 지금 달걀(현금흐름)이 필요한가? 아니면 닭고기(자산 증식)가 필요한가?"

배당이 필요한 경우는 이런 경우다.
- 은퇴 후 연금소득이 부족한 경우
- 생활비가 매달 빠듯한 경우
- 자산 포트폴리오의 안정성을 높이고 싶은 경우

이런 사람들은 이미 어느 정도의 자산을 모은 상태. 즉, '모은 돈을 어떻게 굴릴 것인가'가 중요한 사람이기에 배당이 의미 있다. 하지만 여러분이 아직 자산을 만드는 단계라면? 즉, 종잣돈을 모으고 있는 중이라면? 이 시점에서는 배당률보다는 수익률이 훨씬 더 중요하다.

배당을 고집하면 자산 성장이 늦어진다

지난 10년간의 데이터를 살펴보자. 대표적인 미국 배당주의 연평균 수익률은 5% 수준이다. 반면, 성장주의 연평균 수익률은 연 28~40%까지 기록했다. 단순히 수익률 차이만 보면 대략 5~8배 이상이다. 아무리 배당을 재투자해도 이 격차는 극복하기 어렵다. 종잣돈을 빠르게 모아야 하는 사람에겐 엄청난 기회비용의 상실이다.

○ 배당주 vs 성장주

	종목	2015/3/10 주가	2025/3/10 주가	연평균수익률
배당주	코카콜라	$41	$71	5.6%
	존슨앤존슨	$100	$166	5.2%

	종목	2015/3/10 주가	2025/3/10 주가	연평균수익률
성장주	애플	$20	$239	28.1%
	테슬라	$9	$262	40.1%

결국 중요한 건 '나에게 맞는 투자'

이 글의 요지는 간단하다. 배당이 나쁘고, 성장이 무조건 좋다는 게 아니다.

지금 여러분에게 필요한 것이 무엇인지 분명히 하라는 것.

- 내가 현금흐름이 필요한 상황인가?
- 지금 내 재무상태는 어떤가?
- 자산을 굴려야 하는 단계인가, 모아야 하는 단계인가?

이 질문에 답한 뒤에 투자전략을 세워야 한다.

지금 여러분이 '남들이 다 하니까'라는 이유로 월배당 ETF만 찾고 있다면, 그 선택이 오히려 노후를 가난하게 만들 수 있다. **투자에도 '정답'은 없다. 하지만 '적합한 전략'은 있다.**

여러분에게 맞는 전략, 지금 당장 그 기준부터 점검해보자.

> 돈 걱정없는 노후 STEP ⑦

노후를 가난하게 만드는
2가지 복병

11

마인드도 바꾸고, 행동도 바꾸고, 열심히 재테크해서 어렵게 모은 노후자금. 이제는 지출만 잘 관리하면 여유로운 은퇴 생활이 펼쳐질 것 같지만, 단 하나의 사건으로 모든 것이 무너질 수 있다.

바로 '**의료비**'와 '**준비 없는 창업**'이라는 두 가지 복병 때문이다.

첫 번째 복병, '의료비'이다.

젊고 건강할수록 의료비에 대한 대비는 뒷전이 되기 쉽다. 하지만 사람이 언젠가 죽을 확률은 100%, 암에 걸릴 확률은 30%, 병원에 한 번도 가지 않을 확률은 0%이다. 이 확률에 누구도 예외는 없다.

아무리 건강을 잘 관리해도, 돈이 아무리 많아도 노화로 인한 의료비 지출은 피할 수 없다. 예고 없는 질병이 무서운 이유는 한순간에 노동 소득을 끊어버리고, 치료비와 간병비는 순식간에 자산을 갉아먹는다. 그 결과, 수십 년간 모은 노후자금이 텅 빈 통장으로 바뀌고, 생활고에 시달리는 노후빈곤으로 전락하는 일이 실제로 적지 않게 벌어지고 있다.

"난 아프지 않을 거야"라는 막연한 믿음은 망상일 뿐이다. 철저한 대비만이 자산을 지키는 유일한 방법이다.

두 번째 복병, '창업'이다.

은퇴 후, 자신이 좋아하는 일을 하며 의미 있는 삶을 살아가기 위한 창업은 분명 멋진 선택이다. 문제는 소득 단절의 공포 때문에, 충분한 준비 없이 생계형 창업에 나서는 경우이다.

많은 은퇴자들이 프랜차이즈 카페, 치킨집, 편의점처럼 진입은 쉽지만 그만큼 경쟁은 치열한 창업 아이템에 무방비로 뛰어든다. 이런 창업은 나만의 경쟁력이 없고, 빠르게 바뀌는 트렌드에 맞춰 내 맘대로 전략을 바꿀 수도 없다. 최악의 경우 이 과정에서 빚까지 생긴다. 누구나 한 달 교육으로 시작할 수 있는 창업이라면, 그만큼 경쟁도 치열하다는 점을 잊지 말아야 한다.

노후자산을 모으는 것도 중요하지만, 더 중요한 것은 그것을 어떻게 지키느냐이다.

의료비에 무너지는 노후,
효과적인 대비방법

|1|

노후에 비중이 큰 지출 항목, 의료비

노후에 지출항목 중에서 가장 많은 비중을 차지하는 항목은 바로 '의료비'다.

국민건강보험공단에 따르면, 65세 이상 고령자가 평생 지출하는 의료비는 약 1.5억 원 수준이다. 특히 암, 뇌혈관질환, 심장질환 같은 3대 질병에 걸릴 경우 치료비용은 물론, 간병비 비용까지 상당한 부담으로 작용한다. 물론 모든 사람들이 노후에 과도한 의료비를 지출하는 것은 아니다. 하지만 의료비를 지출하지 않을 확률은 제로이기 때문에 대비가 반드시 필요하다. 그럼 어떻게 의료비 대비를 하는 것이 가장 효과적일까?

의료비 통장을 준비하자(현금)

보험을 가입하면 간단하게 해결되지만 유독 보험료 지출을 아까워하는 경우가 많기 때문에 첫 번째 대안으로 '의료비 통장'을 제시한다. 의료비 통장은 말 그대로 의료비를 대비하는 현금을 보관하는 통장이다. 예상되는 의료비만큼 현금을 모아두는 방식이다.

의료비 통장으로 활용 가능한 금융상품은 제한적이다. 왜냐면 언제, 어떻게 아플지, 다칠지를 예상하는 것은 불가능하기 때문에 의료비 통장은 언제든 인출이 가능해야 한다. 그래서 파킹통장, 예금 정도로 돈을 보관하는 것이 일반적이다. 하지만 의료비 통장으로 노후에 질병 위험을 대비하는 것은 사실 현실적이지는 못하다. 왜냐면 다양한 이유로 돈을 사용해버리기 때문이다.

다음과 같은 상황에 마주하면 의료비 통장은 고갈된다.

- 주택을 매입하려고 하는데 돈이 조금 부족하다. 그런데 의료비 통장에 있는 1억 원을 보태면 원하는 지역에 원하는 평수의 아파트를 무리한 대출 없이 구매할 수 있다. 이런 경우 일단 주택 구입 후 의료비통장을 다시 채우는 것이 현명한 판단이라고 생각하기 때문에 의료비 통장에 잔고는 0원이 된다.
- 은퇴를 했는데 몸은 건강해서 의료비용 부담은 없지만 생활비가 부족하다. 결국 의료비 통장에 있는 돈을 조금씩 인출해서 생활비로 쓰기로 결심한다. 그렇게 통장잔고는 말라간다.
- 열심히 재테크를 하는데 미국주식 성과가 매우 좋다. 그런데 의료비 통장에 적지 않은 돈이 현금으로 보관 중인 것이 계속 거슬린다. 저 돈을 미국주식에 투자하면 2배, 3배가 될 것 같은데 현금으로 방치하는 게 너무 아깝다. 결국 의료비 통장은 현금은 사라진다.

이렇게 다양한 이유로 의료비 통장은 제 역할을 수행하지 못하게 된다. 이 밖에도 의료비 통장에 목표금액을 채우는 과정 중에 의료비 지출 이슈가 생길 경우, 대처하는게 어렵다라는 점도 부담이다. 그렇다고 하루라도 빨리 의료비 통장에 1억 원을 채우기 위해 매달 100만 원씩 저축을 한다는 게 그다지 현실적이지는 못하다.

현실적으로 보험의 도움없이 의료비 통장만으로 노후에 의료비 리스크를 대비할 수 있는 사람의 유형은 '부자'들만 가능하다. 노후에 충분한 현금흐름이 발생하고, 통장에 1~2억 원쯤은 예금이나 파킹통장에 보관해도 아무렇지 않을 정도로 충분한 금융자산을 보유한 부자들만이 노후에 의료비 위험을 현금으로 대비할 수 있다.

보험을 활용하자

사실 보험으로 의료비를 대비하는 것이 가장 효과적인 방법이다.

일단 보험상품은 가입하자마자 바로 의료비 대비가 가능하다(일부 보험은 90일 경과 후부터). 의료비 통장에 적정 잔고가 쌓이기 전까지는 의료비 대비가 어려운 점과 차별화 된 부분이다.

과거에는 중증질환에 대한 진단비, 사망 보험금 등 보장내용이 다양하지 못했고 생활질환으로 인한 보상이 어려웠다. 하지만 최근 보험상품은 굉장히 다양해져서 경증부터 중증까지 의료비 대비를 할 수 있는 위험관리 포트폴리오 구성이 가능해졌다.

하지만 보험도 잘못 활용하면 독이 된다.

과도한 우려로 과도한 보험료를 지출하게 되면 자산형성과 노후준비에 큰 장애물이 된다.

지출하는 보험료는 돌려받지 못하는 비용개념이기 때문에 단돈 10만 원짜리 보험도 20년간 2,400만 원을 지출해야 하는 큰 지출로 인식하고 가입 전 꼼꼼하게 파악 후 보험가입을 해야 한다.

적정수준의 보험료는 소득대비 5~8% 수준이 적절하다는 점을 명심하자.

대응방법을 알아두자

위험관리의 구성은 '위험 발생 빈도'와 '경제적 손실 규모'에 따라 대응방법이 다르다.

○ **위험관리 대응방법**

위험 발생 빈도	경제적 손실 규모	대응방법
아주 가끔 발생하지만, 발생하면 손실이 매우 큰 위험	주택 화재, 차량 사고	보험으로 대비
가끔 발생하지만, 발생하면 손실이 큰 위험	중증 질환(암, 뇌질환), 상해 사고	보험으로 대비
가끔 발생하지만, 손실은 적은 위험	치아 치료, 스마트폰 고장수리비	현금으로 대비
자주 발생하고, 손실도 큰 위험	의료비 (만성질환, 입원치료 등)	보험으로 대비
자주 발생하지만, 손실은 적은 위험	감기약, 두통약, 통원치료비, 한방진료, 예방접종비	현금으로 대비 (생활비/비상금 항목 포함)

비용이 크지 않지만, 많은 사람들이 놓치는 보험

막연하게 안일한 생각, 막연하게 보험이 싫어서, 여러가지 이유로 위험대비를 안하고 있지만, 한번이라도 발생하면 모든 재산을 탕진할 정도로 타격이 크기 때문에 보험을 통해 반드시 준비해야 하는 위험요소가 있다. 아직도 준비를 하고 있지 않다면 반드시 준비하자.

주택화재보험

대한민국의 거주형태는 대부분 다주택에 거주한다. 즉 화재가 발생할 경우 내 집만 소실되는게 아니라는 의미이다. 타인에게 손실을 입혔다면 보상을 해주어야 한다는 것이고, 아파트의 경우 보상 규모가 개인이 감당하기 어려운 정도로 크다. 주택을 소유한 사람 뿐만 아니라 임차인도 화재와 누수 등을 대비해야 하며, 주택화재보험의 보험료는 1만 원 내외로 큰 부담이 없다.

운전자보험

큰 사고가 발생할 경우 합의금, 변호사 비용 등 법적분쟁으로 인한 큰 비용이 발생한다. 그리고 그 규모는 상당히 큰 편이다. 자동차보험과 달리 운전자보험은 법적분쟁 비용 등을 보상해주는 보험이고 보험료도 1만 원 내외로 큰 부담이 없다.

노후준비를 하는데 있어서 '연금을 얼마나 받을 수 있지?'라는 재무적 준비뿐만 아니라 '아프면 얼마나 나오지?'라는 위험관리도 반드시 준비해야 한다. 어렵게 만든 연금소득을 병원비로 다 쓰고 싶지 않다면 건강할 때 미리미리 준비하도록 하자.

창업과 고수익의 유혹, 노후를 무너뜨린다 |2|

은퇴 후 한 번쯤은 하게 되는 '무심코 창업'의 위험성

"그냥 내 가게 하나 차려서, 소소하게 돈 벌면 되지 않을까?"

이런 상상은 내 건물이 있을 때 하자.

"지금 이거 하면 월 500만 원은 기본이라던데?"

그렇게 돈 벌기 쉬우면 뭐하러 남들에게 기회를 줄까? 쉬운 건 의심하자. 은퇴 후, 이런 말을 한 번쯤 떠올려본 적 있다면 지금부터 꼭 읽어야 한다.

창업은 매력적인 대안처럼 보인다. 더 이상 회사의 눈치를 보지 않아도 되고, 시간도 자유로울 것 같고, 운이 좋으면 노후 소득까지 안정적으로 챙길 수 있을 것 같기 때문이다.

하지만 현실은 다르다. **준비되지 않은 창업은 노후자산을 통째로 날리는 빠른 지름길**이 될 수 있다.

왜 은퇴 후 창업은 위험한가?

많은 은퇴자들이 준비 없는 창업에 뛰어드는 이유는 단 하나, '끊긴 소득'에 대한 불안감 때문이다.

갑작스레 매달 들어오던 월급이 끊기고, 연금은 아직 부족하거나 너무 먼 미래일 때, 은퇴자는 '내가 뭘 해야 하지?'라는 압박감을 느낀다.

그때 눈에 들어오는 것이 '프랜차이즈 창업', '소규모 자영업', '무점포 온라인 창업' 같은 쉬워 보이는 '1인 사업'이다. 창업박람회, 지인 권유, 유튜브 광고 등을 보면 마치 누구나 쉽게 돈을 벌 수 있을 것처럼 보인다. 마침 퇴직금으로 정산받을 수 있는 돈이 있으니 창업비 문제도 해결이 가능하다. 하지만 대부분의 창업자들이 간과하는 것은 '경쟁력'이다. 누구나 2주 교육받고 시작할 수 있는 사업이라면, 그만큼 진입장벽이 낮고 경쟁이 치열하다는 뜻이다. 그리고 경쟁력이 없으면 폐업은 시간문제고, 폐업은 단순한 실패가 아니라 노후 자산을 날리는 사고가 된다.

고수익 유혹 그리고 투자 실패

노후를 갉아먹는 또 하나의 복병은 '고수익 투자'에 대한 착각이다.

은퇴는 얼마 안 남았고, 은행 이자는 너무 낮고, 주식투자는 너무 위험한데, 연 20~30% 이상의 투자성과를 큰 위험 없이 얻을 수 있다고 하니 귀가 팔랑거리기 시작한다. 시간이 없는 나에게 안전하면서 높은 성과는 최선의 솔루션이라는 착각에 빠진다. 그러면서 수익률 20%를 보장한다는 부동산, 원금 손실 없다며 권유하는 사모펀드, 코인, 해외선물 등에 목돈을 집어넣는다.

결과는 뻔하다. 이 세상에 위험부담 없이 예·적금보다 높은 수익률을 보장하는 방법이 있으면 대기업이 뭐하러 힘들게 연구개발해서 제품을 만들까? 금융회사는 뭐하러 힘들게 영업을 할까? 투자만 해도 연 20% 이상의 성과를 얻을 수 있을텐데 말이다.

'원금 손실 없는 고수익 = 100% 사기'이다. '이건 다르다'라는 말에 속지 말자.

고수익의 그림자는 언제나 고위험이고, 은퇴자의 투자 실패는 단순한 손실이 아닌 회복 불가능한 파산으로 이어진다. 특히 은퇴자에게는 시간이라는 복구 수단이 없다. 일도 못하고, 다시 벌 수도 없고, 잃은 자산은 다시 돌아오지 않는다.

어떻게 대비해야 할까?

준비 없는 창업은 '소득 대체'가 아니라 '생계 위협'이 될 수 있다

- 2주나 한 달의 교육기간을 준비하는 기간이라고 착각하지 말자.
- 은퇴 후 창업은 본인의 경험과 노하우가 축적된 분야에서만 고려하라.
- 유행 업종, 프랜차이즈 중심 창업은 피하라.
- 투입 가능한 금액 중 일부만 활용하되, 잃어도 생활이 무너지

지 않는 범위로만 투자하라.

고수익 유혹은 '심리적 빈틈'을 파고든다
- 이 세상에 '저위험, 고수익'은 존재하지 않는다. 앞으로도 존재하지 않을 것이다.
- 충분한 사전 검토 없이 급하게 투자하지 마라.
- 나의 자산관리 기준과 원칙(리스크 허용도, 투자기간, 유동성 필요 여부 등)을 반드시 정한 뒤 실행하라.

최선의 전략은 '모르는 영역은 하지 않는 것'
- 은퇴 후의 시간은 재도전보다 안정과 보존이 중심이어야 한다.
- 모르는 것을 공부해서 하는 게 아니라, 아는 것 안에서만 움직이는 것이 노후 자산을 지키는 가장 확실한 방법이다.

30~40년 치열하게 살면서 어렵게 준비한 노후, 남들보다 많이 벌어도 한 번의 실패로 다 날리면 거기서 끝난다. 20~30대에 실패는 경험이지만 60대에 실패는 결과일 뿐이다. 내가 통제할 수 없는 위험 때문에, 나의 욕심 때문에 30년의 노후생활을 불행으로 만들지 말고 철저하게 대비하자.

❷ 부를 마치고 ················· 이제는 '생각'을 넘어서 '실천'할 차례

우리는 이제 노후를 준비하는데 가장 먼저 바꿔야 하는 것이 '생각'이라는 것을 알았다. 노후는 쉬는 시간이 아니라 또 하나의 인생이라는 사실을 알았고, 지출 관리를 통해 그 어떠한 수익률보다 높은 재테크 성과를 얻을 수 있다는 사실도 알았다.

그리고 노후준비를 더 효과적으로 할 수 있는 재테크 기술을 배웠다. 국민연금, 퇴직연금, 주택연금 등 이미 갖고 있는 연금 자산을 제대로 활용하는 법. 그리고 ETF, 배당주, 리츠 같은 금융상품을 활용하는 방법. 투자의 불확실성은 낮추고, 세금도 줄이고, 수익은 높일 수 있는 전략도 함께 살펴보았다.

결국 노후준비는 오래 준비하고, 꾸준히 실천하는 사람의 것이다. 복잡하게 느껴졌던 연금과 투자도 한 걸음씩 따라가다 보면 누구나 쉽게 해낼 수 있다.
이제 여러분은 노후준비를 위한 마인드셋과 실전 투자전략, 두 가지 모두를 갖추었다. 남은 것은 오직 하나, '행동'이다.
지금의 선택이 노후의 삶을 180도 바꿀 수 있는 출발점이 되기 바란다.